VOCA 탄탄

3

실력

KB037673

Happy House

이 책의 **구성과 특징**

• 각 레슨별로 20개의 단어를 학습합니다. 단어당 2개의 예문을 통해 단어의 의미와
용법을 보다 정확히 파악하고 빈칸에 직접 단어를 채워 써보며 익힙니다.

• MP3 파일을 다운로드 받거나
QR코드를 통해 각 단어와
예문을 원어민 음성으로
듣고 정확한 발음을 익힐 수
있습니다.

• 단어의 다른 품사와 유의어,
반의어 등을 통해 단어의
확장학습이 가능합니다.

• 해당 단어가 포함된 자주 쓰이는 표현이나 용법은
독해나 작문에도 도움이 됩니다.

• 20개의 단어를 학습한 후,
뜻을 가리고 빈 박스에
체크 표시하며 스스로 본인의
학습 상태를 확인해 봅니다.
체크하지 못한 단어는
다시 확인학습 합니다.

• 해당 레슨에서 배운 단어 및 유의어, 관련 표현들을 문제를 풀며 점검합니다.

Tests

총 3단계의 테스트(**Daily Test** → **Review** → **누적 테스트**)를 통한 체계적인 반복 학습으로 단어를 더욱 잘 기억할 수 있습니다.

● Daily Test (온라인 제공): 각 레슨을 학습한 뒤, 각 단어의 예문을 활용한 Daily Test를 통해 20개의 단어 공부를 마칩니다.

✿ 무료 다운로드 **www.ihappyhouse.co.kr**

● Review: 5개의 레슨마다 제공되는 Review를 통해 100개의 단어를 다양한 유형의 문제로 확인학습 합니다.

● 누적 테스트: 누적 테스트는 지금까지 배운 단어 200개, 300개, 400개, 500개, 600개를 총정리하는 것으로써 전체 학습을 마무리할 수 있습니다.

미니 단어장

본책에 나오는 모든 단어와 다른 품사, 유의어 및 반의어를 레슨별로 정리한 미니 단어장을 통해, 언제 어디서든 학습한 단어를 복습할 수 있습니다.

CONTENTS

---

001 **aid**
[eid]

명 지원, 보조기구 동 지원하다, 돕다

유 help 돕다

- My grandmother cannot hear without her hearing **aids**.
  우리 할머니는 보청기 없이는 듣지 못하신다.
- Rich countries are expected to   poor countries.
  부유한 나라는 가난한 나라를 지원해야 한다.

---

002 **doubt**
[daut]

명 의심 동 의심하다

doubtful 형 의심스러운

➕ there is no doubt that ~ : ~는 의심할 여지가 없다

- There is no **doubt** that the Internet is useful in many ways.
  인터넷이 여러 면에서 유용하다는 것은 의심할 여지가 없다.
- I   if my dad will quit smoking this time.
  나는 이번에는 아빠가 금연을 하실지 미심쩍다.

---

003 **mess**
[mes]

명 엉망진창

messy 형 엉망인, 지저분한

- Your room is a **mess**. Clean it up right now!
  네 방은 난장판이구나. 지금 당장 치워!
- I think schools would become a   without rules.
  나는 교칙 없이는 학교가 엉망진창이 될 거라고 생각해.

---

004 **steel**
[sti:l]

명 강철

- A lot of furniture is made from **steel** these days.
  요새는 많은 가구들이 강철로 만들어진다.
-       is one of the main materials used to build buildings.
  강철은 건물을 짓는 데 쓰이는 주재료 중 하나이다.

---

005 **scream**
[skri:m]

동 비명을 지르다 명 비명

- I **screamed** while I was watching a horror movie.
  나는 공포 영화를 보다가 소리를 질렀다.
- Waiting in the ER, I heard a   of pain.
  응급실에서 기다리는 동안 나는 고통에 찬 비명을 들었다.

---

006 **earthquake**
[ə́:rθkwèik]

명 지진

- The recent **earthquake** made people sleepless.
  최근에 발생한 지진이 사람들을 잠 못 들게 했다.
- The bridge has been destroyed by an   before.
  그 다리는 전에 지진으로 붕괴된 적이 있다.

---

007 **manage**
[mǽnidʒ]

동 (어려운 일 등을) 해내다, 관리하다

management 명 경영, 관리

➕ manage to+동사원형: ~을 그럭저럭 해내다

- The injured player **managed** to finish his game.
  부상을 입은 그 선수는 가까스로 경기를 마쳤다.
-       your time effectively to achieve your goals.
  목표를 달성하려면 시간을 효율적으로 관리하세요.

008 **extreme**
[ikstrí:m]

형 극심한, 과도한

extremely 부 극도로

- A cactus can stay healthy in the **extreme** heat.
  선인장은 극한의 열기 속에서 멀쩡히 지낼 수 있다.
- The fat man started an   diet program.
  그 뚱뚱한 남자는 극단적인 다이어트 프로그램을 시작했다.

---

009 **carve**
[kɑ:rv]

동 조각하다, (글씨 등을) 새기다

- The sculpture is **carved** with figures of birds.
  그 조각품은 새 모양으로 조각되어 있다.
- Students used to   their initials on their desk.
  학생들은 자신의 이름의 첫 글자들을 책상에 새기고는 했다.

---

010 **demand**
[dimǽnd]

동 요구하다   명 수요, 요구

반 supply 공급하다, 공급

- Customers always **demand** lower prices.
  소비자들은 항상 더 낮은 가격을 요구한다.
- John Locke first had the idea of supply and   .
  존 로크가 처음으로 공급과 수요에 대한 생각을 했다.

---

011 **major**
[méidʒər]

형 주요한   명 전공   동 전공하다

반 minor 사소한

- Today, global warming is one of the world's **major** problems.
  오늘날 지구온난화는 세계의 주요 문제들 중 하나이다.
- I   ed in hotel management so I could be a hotelier.
  나는 호텔 경영자가 되기 위해 호텔 경영학을 전공했다.

---

012 **seal**
[si:l]

명 봉인, 물개   동 밀봉하다

- The officer broke the **seal** and opened the envelope.
  그 공무원은 봉인을 뜯고 봉투를 열었다.
- You can say anything to me. My lips are   ed.
  넌 내게 무엇이든 얘기해도 돼. 절대 다른 사람에게 말하지 않을게.

---

013 **concern**
[kənsə́:rn]

명 우려, 관심사   동 ~와 관련이 있다, ~을 걱정스럽게 하다

concerned 형 우려하는

- My main **concern** as a writer is to tell the truth about life.
  작가로서 나의 주된 관심사는 삶에 대한 진실을 말하는 것이다.
- Making new school rules   s us all.
  새 교칙을 만드는 것은 우리 모두와 관련이 있다.

---

014 **string**
[striŋ]

명 줄, (악기의) 현

- We cut a piece of **string** and tied up the package.
  우리는 끈 한 조각을 잘라서 상자를 묶었다.
- Unlike guitars, most violins have four   s.
  기타와 달리 대부분의 바이올린은 줄이 4개이다.

---

015 **purchase**
[pə́:rtʃəs]

명 구입   동 구입하다

유 buy 사다

- Keep your receipt as proof of **purchase** for a refund.
  환불을 대비하여 구입의 증거로 영수증을 보관하세요.
- The couple will   their dream house soon.
  그 부부는 자신들이 꿈꾸던 집을 곧 구매할 것이다.

016 operate
[ápərèit]

(동) 작동하다, 운영되다
- The door can be **operated** by remote control.
  그 문은 원격(리모컨)으로 작동될 수 있다.
- The museum _____s from 9 a.m. to 5 p.m. daily.
  그 박물관은 매일 오전 9시부터 오후 5시까지 운영된다.

---

017 advance
[ədvǽns]

(동) 발전하다　(명) 발전, 향상　　　　　　　　advancement (명) 발전
- Technology has **advanced** rapidly in recent years.
  기술은 최근에 급속도로 발전했다.
- ✚ in advance: 미리, 사전에
- Book the ticket in _____ if you don't want to stand in line.
  줄 서서 기다리고 싶지 않으면 미리 표를 예매해.

---

018 satisfy
[sǽtisfài]

(동) 만족시키다, 충족시키다　　　satisfied (형) 만족하는　satisfying (형) 만족시키는
- ✚ be satisfied with ~: ~에 만족하다
- Not everyone was **satisfied** with the field trip.
  모두가 그 현장체험학습에 만족한 것은 아니었다.
- Students say that it is not easy to _____ their parents.
  학생들은 부모님을 만족시키기 쉽지 않다고 말한다.

---

019 region
[ríːdʒən]

(명) 지역, 지대　　　　　　　　　　　　　　　　　유 area
- The festival will be held for a week throughout the **region**.
  그 축제는 일주일 동안 전 지역에서 열릴 것이다.
- The fossil was found in the northern _____s of China.
  그 화석은 중국의 북부 지대에서 발견되었다.

---

020 lack
[læk]

(명) 부족, 결핍
- ✚ a lack of ~: ~의 결핍
- A **lack** of confidence can cause you stress.
  자신감 부족은 스트레스를 야기할 수 있다.
- A _____ of vitamin D leads to bone problems.
  비타민 D의 결핍은 뼈와 관련된 문제를 유발한다.

Check Up 정답 p.172

Ⓐ 다음 영어단어의 우리말을 쓰시오.

1 doubt	_____	2 purchase	_____
3 major	_____	4 seal	_____
5 steel	_____	6 earthquake	_____
7 string	_____	8 carve	_____

B 다음 영어단어와 비슷한 의미를 가진 것을 보기 에서 찾아 쓰시오.

1 aid → _____

2 region → _____

3 purchase → _____

보기　area
　　　buy
　　　help

C 우리말과 일치하도록 알맞은 영어단어를 써넣어 문장을 완성하시오.

1 Your room is a _____. Clean it up right now!
네 방은 난장판이구나. 지금 당장 치워!

2 Customers always _____ lower prices.
소비자들은 항상 더 낮은 가격을 요구한다.

3 A _____ of vitamin D leads to bone problems.
비타민 D의 결핍은 뼈와 관련된 문제를 유발한다.

4 Technology has _____d rapidly in recent years.
기술은 최근에 급속도로 발전했다.

5 Making new school rules _____s us all.
새 교칙을 만드는 것은 우리 모두와 관련이 있다.

6 Students say that it is not easy to _____ their parents.
학생들은 부모님을 만족시키기 쉽지 않다고 말한다.

7 The door can be _____d by remote control.
그 문은 원격(리모컨)으로 작동될 수 있다.

8 I _____ed while I was watching a horror movie.
나는 공포 영화를 보다가 소리를 질렀다.

9 _____ your time effectively to achieve your goals.
목표를 달성하려면 시간을 효율적으로 관리하세요.

10 A cactus can stay healthy in the _____ heat.
선인장은 극한의 열기 속에서 멀쩡히 지낼 수 있다.

D 밑줄 친 부분을 바르게 고쳐 문장을 다시 쓰시오.

1 Not everyone was satisfied for the field trip.

→ _____

2 The injured player managed to finishing his game.

→ _____

021 aim
[eim]

몡 목표, 목적　동 ~을 목표로 하다, 겨냥하다　　유 goal 목표

• Everybody should work hard to achieve their **aims**.
　모든 사람들은 목표를 달성하기 위해 열심히 일해야 한다.

➕ be aimed at ~: ~을 겨냥하다

• This cookbook is _____ed at helping beginners.
　이 요리책은 초보자들에게 도움이 되는 것을 목표로 한다.

022 dozen
[dʌ́zən]

몡 12개　형 12개의

➕ dozens of ~: 수십의 ~

• I tried exercising regularly **dozens** of times, but I failed.
　나는 규칙적으로 운동을 하려고 수십 번 시도했지만 그러지 못했다.

• About a _____ people volunteered to clean up the park.
　약 12명의 사람들이 자발적으로 공원을 청소하겠다고 나섰다.

023 mild
[maild]

형 심하지 않은, 맛이 부드러운/순한, (날씨가) 온화한

• After the long winter, the weather has turned quite **mild**.
　긴 겨울이 지나고 날씨가 꽤 온화해졌다.

• Do you know how to make a _____ chicken curry?
　순한 치킨 카레 만드는 법을 아니?

024 stove
[stouv]

몡 스토브, 난로, 화덕

• I enjoy German sausage cooked on a **stove**.
　나는 화덕에서 요리된 독일식 소시지를 좋아한다.

• My mom often goes out with the gas _____ on.
　엄마는 종종 가스레인지를 켜 둔 채 외출하신다.

025 injured
[ínʤərd]

형 부상 당한, 다친　　injury 몡 부상　injure 동 부상을 입히다

• John couldn't walk straight because of his **injured** ankle.
　John은 다친 발목 때문에 똑바로 걸을 수 없었다.

• The car crash left ten people _____.
　그 충돌 사고는 열 명의 부상자를 냈다.

026 empire
[émpaiər]

몡 제국

• The British **Empire** reached its peak after the First World War.
　대영 제국은 1차 세계 대전 이후에 최전성기를 누렸다.

• Augustus was the first emperor of the Roman _____.
　아우구스투스는 로마 제국의 첫 번째 황제였다.

027 fit
[fit]

동 꼭 맞다, 적합하다

• My son grew up so fast that he already **fits** into my pants.
　나의 아들은 참 빨리 자라서 이미 내 바지가 맞는다.

➕ fit in with ~: ~와 어울리다

• Students should try to _____ in with others at school.
　학생들은 학교에서 다른 아이들과 어울리려고 노력해야 한다.

028 frame
[freim]

(명) 액자, 틀, 프레임

- Mr. Darcy smiled at his new picture in the gold **frame**.
  Darcy 씨는 금색 액자 속의 자신의 새 사진을 보며 미소를 지었다.
- Only the _____ of the house stood after the fire.
  불이 난 후 그 집의 뼈대만이 남아 있었다.

029 departure
[dipáːrtʃər]

(명) 출발

(반) arrival 도착

- Let me know the date and time of your **departure**.
  출발일과 시간을 알려주세요.
- You should arrive at the airport 3 hours before _____.
  출발 3시간 전에 공항에 도착해야 합니다.

030 deny
[dinái]

(동) 부정하다, 부인하다

(반) admit 인정하다

- Both boys strongly **denied** that they broke the window.
  남자아이 둘 다 자신들이 창문을 깼다는 것을 강하게 부인했다.
- Tom didn't _____ the rumor that he cheated on the test.
  Tom은 자신이 시험 중 부정행위를 했다는 소문을 부인하지 않았다.

031 material
[mətí(ː)əriəl]

(명) 재료, (옷 등의) 소재, 자료

- Plastic is a useful **material** for many everyday products.
  플라스틱은 많은 일상용품에 사용되는 유용한 재료이다.
- The man was collecting _____s for his new research.
  그 남자는 새 연구를 위한 자료들을 모으고 있었다.

032 select
[silékt]

(동) 선택하다, 선발하다

selection (명) 선택 (유) choose

- The next speaker will be **selected** at random by computer.
  다음 발표자는 컴퓨터에 의해 무작위로 선발될 것이다.
- The winner can _____ one item from the prize list.
  우승자는 상품 목록에서 물건 하나를 선택할 수 있다.

033 detail
[ditéil]

(명) 구체적인 내용, 세부 사항

- The travel guide gives you **details** about a trip to Italy.
  그 여행 책자는 이탈리아 여행에 대한 상세한 설명을 담고 있다.

✚ in detail: 자세히

- I have remembered the accident in _____ for years.
  나는 몇 년 동안이나 그 사고를 자세히 기억하고 있다.

034 current
[kə́ːrənt]

(형) 현재의, 최신의 (명) 물이나 공기의 흐름

(유) present 현재의

- The podcast has a collection of **current** news stories.
  그 팟캐스트는 최신 뉴스를 모아 보여준다.
- Swimming against the _____, I got tired very quickly.
  해류에 역행하여 수영한 후 나는 급격히 피곤해졌다.

035 politics
[pálitiks]

(명) 정치, 정계

- John is so interested in **politics** that he always reads the newspaper.
  John은 정치에 매우 관심이 많아서 항상 신문을 읽는다.
- Many people go into _____ to change their society.
  많은 사람들이 사회를 바꾸려고 정계에 입문한다.

036 remind
[rimáind]
(동) 생각나게 하다, 상기시키다   (유) bring to mind

+ remind A of B: A에게 B를 생각나게 하다

- This old photo **reminds** me of my school days.
  이 오래된 사진은 나의 학창 시절을 떠올리게 해.
- Amy repeatedly _____ ed me that I'm on a diet.
  Amy는 내가 다이어트 중이라는 것을 계속해서 상기시켰다.

---

037 depressed
[diprést]
(형) 우울한, 침울한   depressing (형) 우울하게 하는

- Sam got extremely **depressed** after his dad passed away.
  Sam은 아버지가 돌아가신 후 극도로 우울해졌다.
- Report cards make most students feel _____ .
  성적표는 대부분의 학생들을 우울하게 만든다.

---

038 abandon
[əbǽndən]
(동) 버리다, 포기하다   (유) leave 버리다

- Many puppies are **abandoned** every year.
  많은 강아지들이 매년 버려진다.
- A lack of money made us _____ the project.
  돈이 부족해서 우리는 그 프로젝트를 포기해야만 했다.

---

039 supply
[sʌ́pli]
(동) 공급하다, 제공하다   (명) 공급   (반) demand 요구하다, 수요   (유) provide 제공하다

+ supply A with B: A에게 B를 공급하다

- We **supplied** the flood victims with food, water, and clothes.
  우리는 홍수 피해자들에게 음식, 물, 옷을 제공하였다.
- Buildings need a continuous _____ of electricity.
  건물들은 지속적인 전기 공급을 필요로 한다.

---

040 likewise
[láikwàiz]
(부) 마찬가지로, 또한

- Forget about the fight, and **likewise**, I won't mention it again.
  그 싸움은 잊어버려. 마찬가지로 나도 다시는 그것을 언급하지 않을게.
- I raised my hand, and Jacob did _____ .
  나는 손을 들었고, Jacob도 또한 그렇게 했다.

Check Up 정답 p.172

A 다음 영어단어의 우리말을 쓰시오.

1 deny	_____	2 stove	_____
3 politics	_____	4 empire	_____
5 likewise	_____	6 abandon	_____
7 supply	_____	8 material	_____

B 다음 영어단어와 비슷한 의미를 가진 것을 보기 에서 찾아 쓰시오.

1 select → _____

2 current → _____

3 aim → _____

보기　present
choose
goal

C 우리말과 일치하도록 알맞은 영어단어를 써넣어 문장을 완성하시오.

1 The travel guide gives you _____s about a trip to Italy.
그 여행 책자는 이탈리아 여행에 대한 <u>상세한 설명을</u> 담고 있다.

2 You should arrive at the airport 3 hours before _____.
<u>출발</u> 3시간 전에 공항에 도착해야 합니다.

3 Report cards make most students feel _____.
성적표는 대부분의 학생들을 <u>우울하게</u> 만든다.

4 Mr. Darcy smiled at his new picture in the gold _____.
Darcy 씨는 금색 <u>액자</u> 속의 자신의 새 사진을 보고 미소를 지었다.

5 This cookbook is _____ed at helping beginners.
이 요리책은 초보자들에게 도움이 되는 것을 <u>목표로 한다.</u>

6 John couldn't walk straight because of his _____ ankle.
John은 <u>다친</u> 발목 때문에 똑바로 걸을 수 없었다.

7 About a _____ people volunteered to clean up the park.
약 <u>12명의</u> 사람들이 자발적으로 공원을 청소하겠다고 나섰다.

8 My son grew up so fast that he already _____s into my pants.
나의 아들은 참 빨리 자라서 이미 내 바지가 <u>맞는다.</u>

9 After the long winter, the weather has turned quite _____.
긴 겨울이 지나고 날씨가 꽤 <u>온화해졌다.</u>

10 The winner can _____ one item from the prize list.
우승자는 상품 목록에서 물건 하나를 <u>선택할</u> 수 있다.

D 밑줄 친 부분을 바르게 고쳐 문장을 다시 쓰시오.

1 I have remembered the accident <u>at detail</u> for years.

→ _____

2 This old photo <u>reminds me with</u> my school days.

→ _____

041 angle
[ǽŋgl]

몡 각도, 관점

• Lift your legs up to a ninety degree **angle**.
다리를 90도 각도로 올리세요.

• Look at your problems from every possible 　　　　　.
네 문제들을 모든 가능한 관점에서 보도록 해.

---

042 dust
[dʌst]

몡 먼지, 티끌　　　　　　　　　dusty 혱 먼지투성이의

• Sometimes, you need to clean the **dust** out of your laptop.
때때로 노트북에서 먼지를 털어내야 합니다.

• The boxes in the attic were covered with 　　　　　.
다락방에 있는 상자들은 먼지로 덮여 있었다.

---

043 nephew
[néfju:]

몡 남자 조카　　　　　　　　　반 niece 여자 조카

• As the youngest in my family, my job was to babysit my **nephews**.
가족 중에 막내로서 조카들을 돌보는 것은 내 일이었다.

• Two years after my older brother married, I got a 　　　　　.
형이 결혼을 하고 2년 후에 나는 조카가 생겼다.

---

044 brick
[brik]

몡 벽돌

• My partner in class lives in the red **brick** house.
내 짝은 빨간 벽돌집에 산다.

• My dad learned how to lay 　　　　　s to decorate our house.
아빠는 집을 꾸미기 위해 벽돌을 쌓는 법을 배우셨다.

---

045 leather
[léðər]

몡 가죽, 피혁

• The **leather** boots were a gift for my birthday.
그 가죽 부츠는 내 생일에 받은 선물이었어.

• Mrs. Hill showed off her calf-　　　　　 bag.
Hill 씨는 송아지 가죽으로 만들어진 자신의 가방을 자랑했다.

---

046 eager
[íːgər]

혱 간절히 바라는

➕ be eager to+동사원형: 몹시 ~하기를 바라다

• Teenagers are **eager** to go to their favorite singers' concerts.
십대들은 자신들이 좋아하는 가수의 콘서트에 가기를 간절히 바란다.

• After losing five games in a row, they are 　　　　　 to win.
다섯 경기를 연달아 지자 그들은 승리를 간절히 바란다.

---

047 depend
[dipénd]

동 달려있다, 의존하다　　　　　dependent 혱 의존적인

➕ depend on: ~에 달려있다, 의존하다

• Your future **depends** on how well you spend each day.
네 미래는 매일을 얼마나 잘 보내는지에 달렸다.

• Kids 　　　　　 on their parents for food, clothing, and shelter.
아이들은 먹는 것, 입는 것, 사는 곳을 부모에 의존한다.

048 gap
[gæp]

ⓜ 차이, 간격/틈   ㈜ difference 차이

- There is a huge **gap** between Korean and American cultures.
  한국과 미국 문화 간에는 커다란 차이가 있다.
- Bugs came in through the   s around the window.
  벌레들이 창문 주변의 틈을 통해 들어왔다.

049 lean
[li:n]

ⓓ 몸을 기울이다, 기대다

- His small voice forced me to **lean** forward to listen to him.
  그의 작은 목소리로 인해 나는 그의 말을 들으려고 앞으로 몸을 기울였다.
- I   ed back in the chair and put my legs on the desk.
  나는 의자에 뒤로 기대어 앉아 책상 위에 다리를 올려 놓았다.

050 medical
[médikəl]

ⓗ 의학의, 의료의

- Thanks to **medical** advances, people can live a longer life.
  의학의 발달 덕분에 사람들은 더 오랜 삶을 누릴 수 있다.
- Elderly people over 70 can get free   care.
  70세 이상의 노인들은 무료 의료 진료를 받을 수 있다.

051 maximum
[mǽksəməm]

ⓜ 최대   ⓗ 최대의   ㈎ minimum 최소, 최소의

✚ a maximum of ~: 최대의 ~

- You can stay here free for a **maximum** of ten days.
  당신은 최대 열흘 동안 여기에 무료로 머무를 수 있습니다.
- The car reached   speed soon after it started.
  그 차는 출발한 후 곧 최대 속력에 도달했다.

052 sincere
[sinsíər]

ⓗ 진지한, 진심의   ㈜ genuine

- The prisoner is showing a **sincere** effort to start a new life.
  그 죄수는 새로운 삶을 시작하려는 진지한 노력을 보이고 있다.
- Make a   apology when you make a mistake.
  실수를 저지르면 진심 어린 사과를 하세요.

053 exact
[igzǽkt]

ⓗ 정확한   exactly ⓑ 정확히   ㈜ correct

- Nobody knows the **exact** number of stars in the universe.
  우주에 있는 별의 정확한 개수를 아무도 알지 못한다.
- We didn't decide the   date for the meeting yet.
  우리는 아직 정확한 회의 날짜를 정하지 않았다.

054 suppose
[səpóuz]

ⓓ 생각하다, 가정하다

- I don't **suppose** that your parents let you have a boyfriend.
  나는 네 부모님이 네가 남자친구를 사귀는 것을 허락하실 거라고 생각하지 않아.
- There is no reason to   that Tom stole the money.
  Tom이 그 돈을 훔쳤다고 가정할 이유가 없어.

055 remote
[rimóut]

ⓗ 거리가 먼/외딴, 원격 조작의   ㈜ distant 먼

- Fall is a good season for a trip to **remote** areas.
  가을은 외딴 지역으로 여행을 하기에 좋은 계절이다.
- I learned how to use a   control to fly a drone.
  나는 드론을 날리려고 원격제어 장치(리모컨)를 사용하는 법을 배웠다.

056 **population** [pàpjəléiʃən]

명 인구

- The world's **population** grew by 30% between 1990 and 2010.
  1990년과 2010년 사이에 세계 인구가 30% 증가했다.
- The city has a total _____ of twelve million.
  그 도시는 전체 인구가 천이백만 명이다.

057 **fascinate** [fǽsənèit]

동 마음을 사로잡다, 강하게 끌리게 하다   유 attract

- Space science has always **fascinated** me since I was a kid.
  우주 과학은 내가 어렸을 때부터 항상 내 마음을 사로잡아왔다.
  ✚ be fascinated by ~: ~에 매료되다
- The audience was _____ed by the singer's lovely voice.
  관객들은 그 가수의 아름다운 목소리에 매료되었다.

058 **aboard** [əbɔ́ːrd]

부 배나 항공기 등에 탄, 탑승[승선]한

- The passengers looked excited as they quickly got **aboard**.
  승객들은 재빨리 탑승하면서 신이 나 보였다.
- Soon we heard the captain shout, "All _____!"
  곧 우리는 선장이 "전원 탑승!"이라고 외치는 것을 들었다.

059 **decrease** [dikríːs]

동 감소하다   명 감소 [díːkriːs]   반 increase 증가하다, 증가

- The average family size has **decreased** from five to two children.
  평균 가족 규모는 다섯 자녀에서 두 자녀로 감소하였다.
- Recently, Korea saw a sharp _____ in population.
  최근에 한국은 급격한 인구 감소를 보았다.

060 **organize** [ɔ́ːrgənàiz]

동 (행사 등을) 준비하다/계획하다, (시스템 등을) 정리하다/구성하다   유 plan 계획하다

- We carefully **organized** our school festival.
  우리는 학교 축제를 신경 써서 준비했다.
- Everything in my room is well _____d.
  내 방에 있는 모든 것들은 잘 정리되어 있다.

Check Up   정답 p.172

A 다음 영어단어의 우리말을 쓰시오.

1 eager	_____	2 suppose	_____
3 lean	_____	4 gap	_____
5 leather	_____	6 population	_____
7 decrease	_____	8 sincere	_____

B 다음 영어단어와 비슷한 의미를 가진 것을 보기에서 찾아 쓰시오.

1 exact → _____

2 fascinate → _____

3 organize → _____

보기
plan
attract
correct

C 우리말과 일치하도록 알맞은 영어단어를 써넣어 문장을 완성하시오.

1 Elderly people over 70 can get free _____ care.
70세 이상의 노인들은 무료 의료 진료를 받을 수 있다.

2 Two years after my older brother married, I got a _____.
형이 결혼을 하고 2년 후에 나는 조카가 생겼다.

3 Your future _____s on how well you spend each day.
네 미래는 매일을 얼마나 잘 보내는지에 달렸다.

4 The boxes in the attic were covered with _____.
다락방에 있는 상자들은 먼지로 덮여 있었다.

5 Fall is a good season for a trip to _____ areas.
가을은 외딴 지역으로 여행을 하기에 좋은 계절이다.

6 You can stay here free for a _____ of ten days.
당신은 최대 열흘 동안 여기에 무료로 머무를 수 있습니다.

7 Look at your problems from every possible _____.
네 문제들을 모든 가능한 관점에서 보도록 해.

8 Nobody knows the _____ number of stars in the universe.
우주에 있는 별의 정확한 개수를 아무도 알지 못한다.

9 My partner in class lives in the red _____ house.
내 짝은 빨간 벽돌집에서 산다.

10 The passengers looked excited as they quickly got _____.
승객들은 재빨리 탑승하면서 신이 나 보였다.

D 밑줄 친 부분을 바르게 고쳐 문장을 다시 쓰시오.

1 Teenagers are eager to going to their favorite singers' concerts.

→ _____

2 Kids depend with their parents for food, clothing, and shelter.

→ _____

061 anniversary ⑲ 기념일
[ænəvə́ːrsəri]
- The couple ate out to celebrate their first wedding **anniversary**.
  그 부부는 첫 번째 결혼 기념일을 축하하기 위해 외식을 했다.
- I helped my dad to choose an _____ gift for my mom.
  나는 아빠가 엄마에게 줄 기념일 선물 고르는 것을 도와드렸다.

062 expense ⑲ 비용, 지출   윤 cost 비용
[ikspéns]
- What should we do to cut down the **expenses** for our trip?
  우리가 여행 비용을 줄이기 위해 무엇을 해야 할까?
- My dad bought a suit at great _____.
  아빠는 큰 비용을 들여 정장 한 벌을 구입하셨다.

063 net ⑲ 그물, 망
[net]
- We need a mosquito **net** for the camping trip this weekend.
  이번 주말에 캠핑 여행에서 쓸 모기장이 필요해.
- The fisherman spread the fishing _____ out to catch fish.
  어부는 물고기를 잡기 위해 어망을 펼쳤다.

064 swing ⑧ 흔들다, 흔들리다   ⑲ 그네
[swiŋ]
swing-swung-swung
- When Sam walks, he doesn't **swing** his arms at all.
  Sam은 걸을 때 팔을 전혀 흔들지 않는다.
- I remember playing on the _____s on Sundays.
  나는 일요일마다 그네를 타며 놀았던 것을 기억한다.

065 orphan ⑲ 고아   orphanage ⑲ 고아원
[ɔ́ːrfən]
- Marilyn Monroe, a famous actress, became an **orphan** as a child.
  유명한 여배우인 마릴린 먼로는 아이였을 때 고아가 되었다.
- Although Ken was an _____, he grew up to be a famous lawyer.
  Ken은 고아였지만 자라서 유명한 변호사가 되었다.

066 elect ⑧ 선거를 통해 뽑다   election ⑲ 선거
[ilékt]
- This is my second time to be **elected** class president.
  내가 반장으로 뽑힌 것은 이번이 두 번째다.
- ✚ elect A as B: A를 B로 선출하다
- We _____ed Sam as the leader of our cooking club.
  우리는 Sam을 우리 요리 동아리의 회장으로 뽑았다.

067 translate ⑧ 번역하다   translation ⑲ 번역
[trænsléit]
- ✚ translate A into B: A를 B로 번역하다
- Your homework is to **translate** this English story into Korean.
  여러분의 숙제는 이 영어로 된 이야기를 한국어로 번역하는 것입니다.
- This expression doesn't _____ into English very well.
  이 표현은 영어로 제대로 번역되지 않는다.

068 **glow**
[glou]

⟨동⟩ (은은히) 빛나다, (얼굴이) 발개지다/상기되다

- Thousands of candles for the victim **glowed** in the darkness.
  희생자들을 위한 수천 개의 촛불들이 어둠 속에서 빛났다.
- The girl's face _____ed when she got a rose from the boy.
  남자아이로부터 장미 한 송이를 받자 그 여자아이의 얼굴은 발개졌다.

069 **scratch**
[skrætʃ]

⟨동⟩ (손톱으로) 긁다, 할퀴다   ⟨명⟩ (긁힌) 자국/상처

- The angry cat **scratched** my face and ran away.
  화가 난 고양이가 내 얼굴을 할퀴고 도망쳤다.
- The _____es on Sam's car show that he is a poor driver.
  Sam의 차에 긁힌 자국들은 그가 운전에 서투르다는 것을 보여준다.

070 **destiny**
[déstəni]

⟨명⟩ 운명, 숙명   ⟨유⟩ fate

- Almost everyone wants to know his or her **destiny** in advance.
  거의 모든 사람들이 자신의 운명을 미리 알고 싶어 한다.
- It is my _____ to work for poor people.
  가난한 사람들을 위해 일하는 것은 내 운명이다.

071 **minimum**
[mínəməm]

⟨명⟩ 최소   ⟨형⟩ 최소한의   ⟨반⟩ maximum 최대, 최대의

- Every worker should receive more than the **minimum** wage.
  모든 근로자는 최저 임금 이상을 받아야 한다.
- The _____ initial payment for this is $10.
  이것에 대한 최소한의 선불금은 10달러입니다.

072 **slip**
[slip]

⟨동⟩ 미끄러지다, (손아귀 등에서) 미끄러지듯 빠져나가다

- An old man **slipped** and fell on the snow.
  한 노인이 미끄러져 눈 위에 넘어졌다.
- While I was washing, my ring _____ped off my finger.
  씻는 동안 반지가 손가락에서 빠져 나갔다.

073 **precious**
[préʃəs]

⟨형⟩ 값비싼/귀중한, 소중한   ⟨유⟩ valuable

- Molly cried all day after losing her **precious** ring.
  Molly는 자신의 귀중한 반지를 잃어버리고 하루 종일 울었다.
- All children are _____ in the eyes of their parents.
  부모의 눈에서는 모든 아이들이 소중하다.

074 **weapon**
[wépən]

⟨명⟩ 무기

- People have used **weapons** to hunt and fight for ages.
  사람들은 오랫동안 사냥하고 싸우는 데 무기를 사용해왔다.
- A smile is the best _____ against hatred.
  미소는 증오에 맞서는 최고의 무기이다.

075 **exist**
[igzíst]

⟨동⟩ ~이 있다, 존재하다   existence ⟨명⟩ 존재

- I believe that aliens **exist** somewhere in space.
  나는 우주 어디인가에 외계인이 있다고 믿는다.
- Strange-looking fish _____ in the deep sea.
  심해에는 이상하게 생긴 물고기들이 있다.

076 prevent
[privént]

동 (~가 발생하는 것을) 막다   유 stop

➕ prevent A from B: A가 B하는 것을 막다

- My teacher tells jokes to **prevent** us from falling asleep in class.
  선생님은 우리가 수업시간에 조는 것을 방지하려고 농담을 하신다.
- Sunscreen can effectively _____ sunburn.
  선크림은 햇볕에 타는 것을 효과적으로 막을 수 있다.

077 obey
[oubéi]

동 (법·규칙·지시를) 따르다, 준수하다   유 keep, follow

- If you **obey** the rules, there won't be any problems.
  규칙을 준수한다면 어떤 문제도 발생하지 않을 것입니다.
- _____ your parents, and they will love you more.
  부모님 말씀을 잘 들어. 그러면 너를 더욱 사랑해 주실 거야.

078 absolute
[ǽbsəlùːt]

형 완전한, 절대적인   absolutely 부 절대적으로

- Mr. Darcy wrote a simple cookbook for **absolute** beginners.
  Darcy 씨는 완전 초보자들을 위한 쉬운 요리책을 썼다.
- The moonlight guided our way in the _____ darkness.
  완전한 어둠 속에서 달빛이 우리의 길을 이끌었다.

079 democracy
[dimάkrəsi]

명 민주주의

- Lots of people fought for **democracy** in Korea in the 1970s.
  많은 사람들이 1970년대에 한국의 민주주의를 위해 싸웠다.
- _____ was born in ancient Greece.
  민주주의는 고대 그리스에서 생겨났다.

080 moral
[mɔ́(ː)rəl]

형 도덕적인, 교훈적인   반 immoral 비도덕적인

- The wise man told us that to be happy we must live a **moral** life.
  그 현명한 남자는 우리에게 행복하려면 도덕적인 삶을 살라고 말했다.
- _____ stories are made into movies for kids.
  교훈적인 이야기는 아이들을 위한 영화로 만들어진다.

Check Up 정답 p.172

Ⓐ 다음 영어단어의 우리말을 쓰시오.

1 moral	_____	2 weapon	_____
3 anniversary	_____	4 destiny	_____
5 absolute	_____	6 net	_____
7 expense	_____	8 democracy	_____

B 다음 영어단어와 비슷한 의미를 가진 것을 보기 에서 찾아 쓰시오.

1 obey → _____

2 precious → _____

3 prevent → _____

보기   stop
        keep
        valuable

C 우리말과 일치하도록 알맞은 영어단어를 써넣어 문장을 완성하시오.

1 The angry cat _____ed my face and ran away.
화가 난 고양이가 내 얼굴을 <u>할퀴고</u> 도망쳤다.

2 Although Ken was an _____, he grew up to be a famous lawyer.
Ken은 <u>고아였지만</u> 자라서 유명한 변호사가 되었다.

3 Molly cried all day after losing her _____ ring.
Molly는 자신의 <u>귀중한</u> 반지를 잃어버리고 하루 종일 울었다.

4 An old man _____ped and fell on the snow.
한 노인이 <u>미끄러져</u> 눈 위에 넘어졌다.

5 This expression doesn't _____ into English very well.
이 표현은 영어로 제대로 <u>번역되지</u> 않는다.

6 This is my second time to be _____ed class president.
내가 반장으로 <u>뽑힌</u> 것은 이번이 두 번째다.

7 I believe that aliens _____ somewhere in space.
나는 우주 어디인가에 외계인이 <u>있다고</u> 믿는다.

8 When Sam walks, he doesn't _____ his arms at all.
Sam은 걸을 때 팔을 전혀 <u>흔들지</u> 않는다.

9 Thousands of candles for the victim _____ed in the darkness.
희생자들을 위한 수천 개의 촛불들이 어둠 속에서 <u>빛났다</u>.

10 Every worker should receive more than the _____ wage.
모든 근로자는 <u>최저</u> 임금 이상을 받아야 한다.

D 밑줄 친 부분을 바르게 고쳐 문장을 다시 쓰시오.

1 My teacher tells jokes to <u>prevent us by falling asleep</u> in class.

→ _____

2 Your homework is to <u>translate this English story on Korean</u>.

→ _____

081 army
[á:rmi]

® 군대, 군   유 military

- The soldiers in the **army** are ready to fight for their country.
  그 군대의 병사들은 나라를 위해 싸울 준비가 되어 있다.
- The U.S. _____ fought bravely and won the war.
  미군은 용감히 싸웠고 전쟁에서 이겼다.

082 extra
[ékstrə]

® 여분의, 추가의   유 additional 추가의

- Let's share my food. I have some **extra** food for you.
  내 음식을 같이 먹자. 네게 줄 여분의 음식이 좀 있어.
  ✚ at no extra charge: 추가 비용 없이
- The members can enjoy the service at no _____ charge.
  회원들은 추가 비용 없이 그 서비스를 이용할 수 있습니다.

083 passenger
[pǽsəndʒər]

® 승객, 여객

- There was a long line of **passengers** in front of the gate.
  게이트 앞에는 승객들의 긴 줄이 있었다.
- The _____s on the plane were waiting for take-off.
  비행기의 승객들은 이륙하기를 기다리고 있었다.

084 tidy
[táidi]

® 잘 정리된, 깔끔한   ⑧ 정리하다

- I wonder how the 7-year-old boy keeps his room so **tidy**.
  나는 어떻게 그 7세 남자아이가 자신의 방을 그렇게 깔끔하게 유지하는지 놀랍다.
  ✚ tidy up ~: ~을 깔끔하게 정리하다
- _____ up your desk before your mom comes in.
  엄마가 들어오시기 전에 네 책상을 정리해.

085 principal
[prínsəpəl]

® 주요한   ® 교장   유 main 주요한   headmaster 교장

- Busan is one of the **principal** cities in Korea. 부산은 한국의 주요 도시 중 하나이다.
- Our _____ looks scary but he is actually quite funny.
  우리 교장선생님은 무서워 보이지만 오히려 꽤 재미있으시다.

086 mass
[mæs]

® 덩어리, 대량

- A heavy **mass** of snow from the roof fell on my head.
  지붕에서 무거운 눈덩이가 하나 내 머리 위로 떨어졌다.
  ✚ a mass of ~: 다수의/대량의 ~
- A huge _____ of people gathered for the concert.
  엄청나게 많은 사람들이 콘서트를 보기 위해 모였다.

087 prison
[prízən]

® 감옥, 교도소   유 jail

  ✚ go to prison: 감옥에 가다, 수감되다
- The poor boy was left alone after his father went to **prison**.
  그 불쌍한 남자아이는 아버지가 수감된 후 홀로 남겨졌다.
- The killer regretted what he did in _____. 그 살인자는 감옥에서 자신이 한 짓을 후회했다.

088 income
[ínkʌm]

(명) 수입, 소득

- Being fired last month, Diane doesn't have a regular **income**.
  지난달에 해고를 당해서, Diane은 일정한 수입이 없다.
- The scholarship is to help low-   families.
  그 장학금은 저소득 가정을 돕기 위한 것이다.

089 attract
[ətrǽkt]

(동) 끌어들이다, 마음을 끌다

attractive (형) 매력적인

- The warm weather **attracted** many people to the park.
  따뜻한 날씨가 많은 사람들을 공원으로 끌어들였다.
- ✚ be attracted by ~: ~에 마음을 뺏기다
- I was   ed by her warm heart.
  나는 그 여자의 따뜻한 마음에 끌렸다.

090 economy
[ikánəmi]

(명) 경제

economic (형) 경제의

- Thanks to the strong **economy**, many people have a job now.
  튼튼한 경제 덕분에 이제 많은 사람들이 직업을 갖고 있다.
- We learn about the   in social studies class.
  우리는 사회 수업에서 경제에 대해 배운다.

091 period
[pí(:)əriəd]

(명) 기간, (특정한) 시기

- I finished reading the thick book in a short **period** of time.
  나는 짧은 기간 안에 그 두꺼운 책을 다 읽었다.
- My childhood was the most important   of my life.
  나의 어린 시절은 내 삶에서 가장 중요한 시기였다.

092 survive
[sərváiv]

(동) 살아남다, 생존하다

survival (명) 생존

- Penguins know how to **survive** in extremely cold weather.
  펭귄은 극도로 추운 날씨에서 생존하는 방법을 안다.
- We need to learn IT skills to   in the future.
  미래에 살아남기 위해서는 IT 기술을 배울 필요가 있다.

093 insult
[insʌlt]

(동) 무례하게 굴다, 창피를 주다   (명) 무례한 말, 행동 [ínsult]

- The man **insulted** the chef by saying that the food was terrible.
  그 남자는 음식이 형편없다고 말하여 요리사에게 모욕감을 주었다.
- When Sam called me Mr. Pig, I got mad at the   .
  Sam이 나를 Mr. Pig라 불렀을 때, 나는 그 무례한 말에 매우 화가 났다.

094 wound
[wu:nd]

(명) 상처, 부상

(유) injury

- As time went by, the **wound** on his face healed slowly.
  시간이 지남에 따라 그의 얼굴에 난 상처도 서서히 나았다.
- The   from the accident left a scar on my leg.
  그 사고로 생긴 부상은 내 다리에 흉터를 남겼다.

095 appreciate
[əprí:ʃièit]

(동) 감사하다, 감상하다

appreciation (명) 감사, 감상

- I **appreciate** your concern, but I can take care of myself.
  걱정해 주셔서 고맙습니다만, 저는 제 스스로 챙길 수 있습니다.
- I always listen to classical music to   it fully.
  나는 고전음악을 제대로 감상하기 위해 그것을 항상 듣는다.

096 principle
[prínsəpl]

(명) 원리, 원칙

- Try to understand the **principles**, not just memorize them.
  원리를 그저 암기하려 하지 말고 이해하려고 노력해 봐.
- When I'm confused, I stick to my _____s.
  나는 혼란스러울 때 내 원칙을 고수한다.

097 account
[əkáunt]

(명) (인터넷·이메일) 계정, 계좌

- I don't know how to erase my email **account** from this site.
  이 사이트에서 내 이메일 계정을 삭제하는 방법을 모르겠어.
- These days you can open a bank _____ online.
  요즘은 은행 계좌를 온라인에서 만들 수 있다.

098 concrete
[kánkri:t]

(형) 구체적인, 콘크리트로 만든 (명) 콘크리트

- The detective took his time to collect **concrete** evidence.
  그 형사는 구체적인 증거를 수집하는 데 시간을 들였다.
- Most buildings in the city were built with _____.
  그 도시에 있는 대부분의 건물들은 콘크리트로 지어졌다.

099 demonstrate
[démənstrèit]

(동) 증명하다, (과정·사용법 등을) 보여주다   (유) show 보여주다

- The medical checkup **demonstrated** that you are healthy.
  그 건강 검진은 네가 건강하다는 것을 증명했어.
- The chef _____d how to make a chicken salad.
  그 요리사는 치킨 샐러드를 만드는 방법을 보여주었다.

100 moreover
[mɔːróuvər]

(부) 게다가, 더욱이   (유) in addition, furthermore

- My birthday dinner was great. **Moreover**, I got a big gift.
  내 생일 저녁 식사는 정말 좋았다. 게다가 나는 큰 선물도 받았다.
- Texting while driving is dangerous. _____, it is illegal in many countries.
  운전 중에 문자를 보내는 것은 위험하다. 게다가 많은 나라에서 그것은 불법이다.

Check Up 정답 p.172

A 다음 영어단어의 우리말을 쓰시오.

1 economy _____   2 account _____

3 income _____   4 survive _____

5 passenger _____   6 tidy _____

7 appreciate _____   8 principle _____

B 다음 영어단어와 비슷한 의미를 가진 것을 보기 에서 찾아 쓰시오.

1 principal → _____

2 extra → _____

3 demonstrate → _____

보기   main
      show
      additional

C 우리말과 일치하도록 알맞은 영어단어를 써넣어 문장을 완성하시오.

1 The killer regretted what he did in _____ .
그 살인자는 <u>감옥에서</u> 자신이 한 짓을 후회했다.

2 Let's share my food. I have some _____ food for you.
내 음식을 같이 먹자. 네게 줄 <u>여분의</u> 음식이 좀 있어.

3 The soldiers in the _____ are ready to fight for their country.
그 <u>군대의</u> 병사들은 나라를 위해 싸울 준비가 되어 있다.

4 Most buildings in the city were built with _____ .
그 도시에 있는 대부분이 건물들은 <u>콘크리트로</u> 지어졌다.

5 My childhood was the most important _____ of my life.
나의 어린 시절은 내 삶에서 가장 중요한 <u>시기</u>였다.

6 My birthday dinner was great. _____ , I got a big gift.
내 생일 저녁 식사는 정말 좋았다. <u>게다가</u> 나는 큰 선물도 받았다.

7 The warm weather _____ed many people to the park.
따뜻한 날씨가 많은 사람들을 공원으로 <u>끌어들였다.</u>

8 A heavy _____ of snow from the roof fell on my head.
지붕에서 무거운 <u>눈덩이</u> 하나가 내 머리 위로 떨어졌다.

9 The man _____ed the chef by saying that the food was terrible.
그 남자는 음식이 형편없다고 말하여 요리사에게 <u>모욕감을 주었다.</u>

10 As time went by, the _____ on his face healed slowly.
시간이 지남에 따라 그의 얼굴에 난 <u>상처</u>도 서서히 나았다.

D 밑줄 친 부분을 바르게 고쳐 문장을 다시 쓰시오.

1 <u>A huge mass for people</u> gathered for the concert.

→ _____

2 I was <u>attracted for</u> her warm heart.

→ _____

A 영어단어를 듣고 빈칸에 쓰시오. 그 다음, 해당 단어의 우리말을 쓰시오. 🎧07

1 _____ ➡ ....
2 _____ ➡ ....
3 _____ ➡ ....
4 _____ ➡ ....
5 _____ ➡ ....
6 _____ ➡ ....
7 _____ ➡ ....
8 _____ ➡ ....
9 _____ ➡ ....
10 _____ ➡ ....
11 _____ ➡ ....
12 _____ ➡ ....
13 _____ ➡ ....
14 _____ ➡ ....
15 _____ ➡ ....
16 _____ ➡ ....

B 다음 영어문장이 우리말과 일치하면 O, 그렇지 않으면 X를 쓰시오.

1 My birthday dinner was great. Moreover, I got a big gift.
  내 생일 저녁 식사는 정말 좋았다. 게다가 나는 큰 선물도 받았다. (　　　)

2 Students say that it is not easy to abandon their parents.
  학생들은 부모님을 만족시키기 쉽지 않다고 말한다. (　　　)

3 What should we do to cut down the expenses for our trip?
  우리가 여행 비용을 줄이기 위해 무엇을 해야 할까? (　　　)

4 The warm weather attracted many people to the park.
  따뜻한 날씨가 많은 사람들을 공원으로 끌어들였다. (　　　)

5 Molly cried all day after losing her sincere ring.
  Molly는 자신의 귀중한 반지를 잃어버리고 하루 종일 울었다. (　　　)

6 Marilyn Monroe, a famous actress, became an army as a child.
  유명한 여배우인 마릴린 먼로는 아이였을 때 고아가 되었다. (　　　)

7 My son grew up so fast that he already fits into my pants.
  우리 아들은 참 빨리 자라서 이미 내 바지가 맞는다. (　　　)

8 Sometimes, you need to clean the dust out of your laptop.
  때때로 노트북에서 먼지를 털어내야 합니다. (　　　)

9 My childhood was the most important weapon of my life.
  나의 어린 시절은 내 삶에서 가장 중요한 시기였다. (　　　)

10 Your future depends on how well you spend each day.
  네 미래는 매일을 얼마나 잘 보내는지에 달렸다. (　　　)

C 다음 문장의 빈칸에 들어갈 알맞은 단어를 고르시오.

1 Waiting in the ER, I heard a _____ of pain.
   ① aid   ② stove   ③ doubt   ④ advance   ⑤ scream

2 A cactus can stay healthy in the _____ heat.
   ① fit   ② extreme   ③ injured   ④ depressed   ⑤ exact

3 Lots of people fought for _____ in Korea in the 1970s.
   ① leather   ② seals   ③ strings   ④ democracy   ⑤ concerns

4 There is no reason to _____ that Tom stole the money.
   ① suppose   ② lean   ③ fit   ④ appreciate   ⑤ organize

5 Amy repeatedly _____ me that I'm on a diet.
   ① abandoned   ② survived   ③ selected   ④ reminded   ⑤ prevented

6 Sam got extremely _____ after his dad passed away.
   ① sincere   ② depressed   ③ extra   ④ fascinated   ⑤ attracted

7 Mr. Darcy wrote a simple cookbook for _____ beginners.
   ① extra   ② maximum   ③ precious   ④ absolute   ⑤ concrete

8 Book the ticket in _____ if you don't want to stand in line.
   ① advance   ② scratch   ③ brick   ④ expense   ⑤ insult

9 Being fired last month, Diane doesn't have a regular _____.
   ① mass   ② mess   ③ income   ④ destiny   ⑤ army

10 Recently, Korea saw a sharp _____ in population.
   ① decrease   ② angle   ③ orphan   ④ nephew   ⑤ scratch

11 Our _____ looks scary but he is actually quite funny.
   ① region   ② steel   ③ wound   ④ material   ⑤ principal

12 The wise man told us that to be happy we must live a _____ life.
   ① mild   ② moral   ③ injured   ④ major   ⑤ dozen

13 The travel guide gives you _____ about a trip to Italy.
   ① strings   ② earthquakes   ③ details   ④ weapons   ⑤ population

14 Thanks to the strong _____, many people have a job now.
   ① stove   ② lack   ③ economy   ④ current   ⑤ destiny

15 I learned how to use a _____ control to fly a drone.
   ① current   ② medical   ③ depressed   ④ tidy   ⑤ remote

D 다음 영어 설명에 해당하는 단어를 [보기]에서 찾아 쓰시오.

> [보기] departure   passenger   income   leather   nephew
>
>   gap   anniversary   orphan   earthquake   scream

1 to make a high loud sound → _____

2 a space or difference between things → _____

3 a child whose parents died → _____

4 a son of your sister or brother → _____

5 money that someone gets from working → _____

6 a material that is made from animal skin, and used for shoes, bags, etc. → _____

7 leaving from a place → _____

8 a shaking movement of the ground → _____

9 someone who travels in a ship, train, or airplane → _____

10 a date when you celebrate something important to you → _____

E 다음 문장에 들어갈 알맞은 품사의 단어를 고르시오.

1 My puppy made a (명)[mess / messy] of my room while I was out.

2 (형)[Extreme / Extremely] sports are getting more popular these days.

3 (동)[Selection / Select] a team that you want to work with.

4 The soccer player was (형)[injured / injury] in the final game.

5 Do you know the (형)[exactly / exact] number of languages in the world?

6 Do you think ghosts really (동)[exist / existence]?

7 Don't (동)[dependent / depend] on your parents all the time.

8 (동)[Translation / Translate] this English passage into Korean.

9 A boy (동)[survived / survival] alone in the jungle for years.

10 I really (동)[appreciation / appreciate] your help.

F 밑줄 친 부분과 의미가 비슷한 단어나 표현을 보기 에서 찾아 쓰시오.

보기	keep	choose	genuine	in addition	stop
	provide	jail	fate	headmaster	buy

1 If you purchase these shoes, you won't regret it. → _____

2 My principal always makes long speeches. → _____

3 I will let you select your partner on your own this time. → _____

4 We supply the army with food and water. → _____

5 John is smart. Moreover, he is kind to everyone. → _____

6 Thank you for your sincere advice. → _____

7 The king sent the liar to prison. → _____

8 Becoming a police officer was my destiny. → _____

9 We should prevent students from using bad language. → _____

10 Obey the class rules you made for yourself. → _____

G 밑줄 친 부분이 어법에 맞으면 O, 그렇지 않으면 X를 쓰시오.

1 I was satisfied for the new horror movies. (　　)

2 I have been fascinated by acting since I was a child. (　　)

3 You have to explain your future plan in detail. (　　)

4 The old movie reminded me at my childhood. (　　)

5 Everyone was attracted by her charming smile. (　　)

6 The patient managed to standing up and walk alone. (　　)

7 A lack of water can cause many health problems. (　　)

8 My dad prevented me to playing computer games at home. (　　)

9 I'm eager to see my old friend who has just come back from Japan. (　　)

10 We want to take a trip to the island, but it depends on the weather. (　　)

101 bay
[bei]

명 (바다의) 만

- This **bay** is a good place for swimming and snorkeling.
  이 만은 수영과 스노클링을 하기에 좋은 장소이다.
- There are many small sandy beaches along the _____.
  그 만을 따라 많은 작은 백사장들이 있다.

102 rubber
[rʌ́bər]

명 고무

- My mom used a **rubber** band to tie my hair back.
  엄마는 내 머리카락을 뒤로 묶기 위해 고무줄을 사용하셨다.
- I watched my kids play with a _____ ball in the yard.
  나는 아이들이 마당에서 고무공을 갖고 노는 것을 지켜보았다.

103 nut
[nʌt]

명 (껍질이 단단한 호두 등의) 나무 열매, 견과

- **Nuts** are a good snack because they are easy to carry.
  견과류는 갖고 다니기 쉬워서 간식으로 좋다.
- Mr. Darcy cracked the _____s with a hammer.
  Darcy 씨는 망치로 그 견과들을 깼다.

104 toss
[tɔ(:)s]

동 (가볍게) 던지다   명 (동전) 던지기   유 throw 던지다

- **Toss** a coin into the fountain and make a wish.
  분수대에 동전 하나를 던지고 소원을 빌어.
- Let's decide who will go first by the _____ of a coin.
  동전 던지기로 누가 먼저 시작할 것인지 결정하자.

105 rough
[rʌf]

형 (표면 등이) 거친/울퉁불퉁한, 힘든   반 smooth 매끄러운

- I fell down on the **rough** ground and got a scratch on my arm.
  나는 울퉁불퉁한 바닥에 넘어져 팔에 상처가 났다.
- It's been a _____ day because of the hot weather.
  더운 날씨로 힘든 하루였다.

106 fund
[fʌnd]

명 (특별한 목적을 위해 모아진) 기금, 자금

➕ funds for ~: ~을 위한 기금

- I joined the event to raise **funds** for the orphans.
  나는 고아들을 위한 기금을 마련하는 행사에 참가했다.
- The _____ will be used for the victims of the earthquake.
  그 기금은 지진 피해자들을 위해 사용될 것이다.

107 plenty
[plénti]

명 풍부한 양, 다량

➕ plenty of ~: 많은~

- Doctors tell us to drink **plenty** of water every day.
  의사들은 매일 많은 물을 마시라고 말한다.
- No worries. We have _____ of time to finish the work.
  걱정 마. 우리는 그 일을 끝낼 충분한 시간이 있어.

108 instant
[ínstənt]

(형) 즉각적인   (명) 순간   (유) moment 순간

- When I posted a new photo, I got many **instant** responses.
  내가 새 사진을 올리자, 많은 즉각적인 반응을 받았다.

➕ for an instant: 잠시 동안

- For an _____, I thought that I saw a ghost.
  잠시 동안 나는 귀신을 봤다고 생각했다.

---

109 awful
[ɔ́ːfəl]

(형) 매우 나쁜, 끔찍한   (유) terrible

- My dad cooked for us. I didn't tell him, but his food was **awful**.
  아빠가 우리에게 요리를 해주셨다. 아빠에게 말하지는 않았지만 그 음식은 정말 맛이 없었다.

- Coming home from the long hike, Sam looked _____.
  긴 도보 여행에서 돌아왔을 때 Sam은 몰골이 끔찍했다.

---

110 emergency
[imə́ːrdʒənsi]

(명) 비상, 응급

- We should have a phone number to call in case of **emergency**.
  우리는 비상시에 전화할 전화번호를 갖고 있어야 한다.

- The _____ room staff is always ready for patients.
  응급실 직원들은 항상 환자를 맞이할 준비가 되어 있다. .

---

111 prove
[pruːv]

(동) ~을 증명하다

- If you didn't steal the money, you should **prove** it.
  네가 그 돈을 훔치지 않았다면 그것을 증명해 봐.

- How can you _____ that you are stronger than me?
  네가 나보다 힘이 더 세다는 것을 어떻게 증명할 수 있니?

---

112 symphony
[símfəni]

(명) 교향곡

- Beethoven's 5th **Symphony** is well-known to Koreans.
  베토벤 5번 교향곡은 한국인들에게 잘 알려져 있다.

- The _____ was so touching that I almost cried.
  그 교향곡은 매우 감동적이어서 나는 울 뻔했다.

---

113 consider
[kənsídər]

(동) 신중히 생각하다, (남의 감정을) 고려하다   consideration (명) 심사숙고

➕ consider+동사원형-ing: ~할 것을 고심하다

- I'm **considering** moving to another school next year.
  나는 내년에 전학 가는 것을 심사숙고하고 있다.

- When you give advice to your friends, _____ their feelings.
  친구들에게 조언할 때는 그들의 감정을 고려하도록 해.

---

114 influence
[ínfluəns]

(명) 영향, 영향력   (동) 영향을 미치다   (유) affect 영향을 미치다

- Today, Korea's pop culture has a big **influence** all over Asia.
  오늘날 한국의 대중문화는 아시아 전역에 커다란 영향력을 미친다.

- Children are easily _____d by their friends. 아이들은 친구들에 의해 쉽게 영향을 받는다.

---

115 chemical
[kémikəl]

(형) 화학의, 화학적인   (명) 화학물질   chemistry (명) 화학

- It takes time to memorize all the **chemical** elements.
  화학 원소 전체를 암기하는 데는 시간이 걸린다.

- People like products without _____s for health.
  사람들은 건강을 위해 화학물질이 없는 제품을 좋아한다.

116 progress
[prάgres]

⟨명⟩ 진전, 발전   ⟨동⟩ (앞으로) 나아가다, 발전하다   ⟨유⟩ advance

• After years of practice, I made great **progress** in English.
수년간의 연습 끝에 나는 영어에서 커다란 진전이 있었다.

• As science   es, our lives get more convenient.
과학이 발전하면서 우리의 삶은 더 편리해진다.

---

117 accurate
[ǽkjərit]

⟨형⟩ 정확한   accuracy ⟨명⟩ 정확성   ⟨유⟩ correct, exact

• You must give **accurate** information on your passport.
여권에 나와있는 정확한 정보를 주셔야 합니다.

• Put the   amount of salt in the soup.
정확한 양의 소금을 국에 넣으세요.

---

118 accomplish
[əkámpliʃ]

⟨동⟩ 해내다, 성취하다   accomplishment ⟨명⟩ 성취   ⟨유⟩ achieve

• You need a clear plan to **accomplish** your goals.
목표들을 이루기 위해서는 확실한 계획이 있어야 한다.

• After   ing our goal, we celebrated all night.
목표를 달성한 후, 우리는 밤새 축하했다.

---

119 observe
[əbzə́:rv]

⟨동⟩ 관찰하다, 지켜보다   ⟨유⟩ watch

• On the rooftop, we **observed** the moon with a telescope.
옥상에서 우리는 망원경으로 달을 관찰했다.

• Your parents   you not with distrust but with love.
네 부모님은 불신이 아닌 사랑하는 마음으로 너를 지켜보셔.

---

120 neglect
[niglékt]

⟨동⟩ (돌보지 않고) 방치하다, 게을리하다/소홀히 하다

• Working day and night, the father **neglected** his family.
밤낮으로 일하느라 그 아버지는 자신의 가족을 방치했다.

• The boy   ed his job to look after his baby sister.
그 남자아이는 아기 여동생을 돌보느라 자신의 일을 소홀히 했다.

Check Up   정답 p.173

A 다음 영어단어의 우리말을 쓰시오.

1 symphony   2 accomplish

3 chemical   4 plenty

5 emergency   6 awful

7 neglect   8 influence

B 다음 영어단어와 비슷한 의미를 가진 것을 보기 에서 찾아 쓰시오.

1 toss → _____

2 observe → _____

3 accurate → _____

보기 correct
watch
throw

C 우리말과 일치하도록 알맞은 영어단어를 써넣어 문장을 완성하시오.

1 I fell down on the _____ ground and got a scratch on my arm.
나는 울퉁불퉁한 바닥에 넘어져 팔에 상처가 났다.

2 This _____ is a good place for swimming and snorkeling.
이 만은 수영과 스노클링을 하기에 좋은 장소이다.

3 For an _____, I thought that I saw a ghost.
잠시 동안 나는 귀신을 봤다고 생각했다.

4 After years of practice, I made great _____ in English.
수년간의 연습 끝에 나는 영어에서 커다란 진전이 있었다.

5 Put the _____ amount of salt in the soup.
정확한 양의 소금을 국에 넣으세요.

6 My mom used a _____ band to tie my hair back.
엄마는 내 머리카락을 뒤로 묶기 위해 고무줄을 사용하셨다.

7 If you didn't steal the money, you should _____ it.
네가 그 돈을 훔치지 않았다면 그것을 증명해 봐.

8 Mr. Darcy cracked the _____s with a hammer.
Darcy 씨는 망치로 그 견과들을 깼다.

9 People like products without _____s for health.
사람들은 건강을 위해 화학물질이 없는 제품을 좋아한다.

10 I joined the event to raise _____s for the orphans.
나는 고아들을 위한 기금을 마련하는 행사에 참가했다.

D 밑줄 친 부분을 바르게 고쳐 문장을 다시 쓰시오.

1 I'm considering to move to another school next year.

→ _____

2 Doctors tell us to drink plenty water every day.

→ _____

121 **blink**
[bliŋk]

동 눈을 깜박이다

유 wink

- The presenter was nervous and **blinked** repeatedly.
  그 발표자는 긴장해서 자꾸 눈을 깜박거렸다.
- I _____ at the camera every time I pose for a picture.
  나는 사진을 찍을 때마다 카메라를 보고 눈을 깜박인다.

122 **quarter**
[kwɔ́:rtər]

명 4분의 1, 15분

- The four people cut the bread evenly into **quarters**.
  네 사람은 그 빵을 4등분으로 잘랐다.
- I waited for the bus to school for a _____ of an hour.
  나는 학교로 가는 버스를 15분간 기다렸다.

123 **outgoing**
[áutgòuiŋ]

형 외향적인, 사교적인

- Sam has many friends because he is an **outgoing** person.
  Sam은 외향적인 사람이라 친구가 많다.
- I look shy, but I have an _____ personality.
  나는 수줍어 보이지만 사교적인 성격을 지녔다.

124 **publish**
[pʌ́bliʃ]

동 널리 알게 하다/발표하다, (책 등을) 출판하다

publisher 명 출판사

- A list of bestselling albums will be **published** in the magazine.
  가장 잘 팔리는 음반 목록이 그 잡지에 실릴 것이다.
- No one knows exactly when the bible was _____ed.
  아무도 성경이 언제 출판되었는지 정확히 알지 못한다.

125 **compose**
[kəmpóuz]

동 ~를 이루다/구성하다, 작곡하다

유 make up 구성하다

+ be composed of ~: ~로 구성되다

- The Philippines is **composed** of about 7,100 islands.
  필리핀은 약 7,100개의 섬으로 이루어져 있다.
- Mozart started to _____ his music at the age of five.
  모차르트는 다섯 살에 음악을 작곡하기 시작했다.

126 **gender**
[dʒéndər]

명 성별, 성

- What is your **gender**, male or female? Check below.
  당신의 성별은 남자, 여자 중 무엇입니까? 아래에 체크 표시하시오.
- These days, _____ roles are changing at home and work.
  요즘 가정과 직장에서 성 역할이 변하고 있다.

127 **annoyed**
[ənɔ́id]

형 짜증이 난

annoy 동 짜증나게 하다 annoying 형 짜증나게 하는

- When we are tired, we get **annoyed** very easily.
  피곤할 때 우리는 무척 쉽게 짜증이 난다.

+ be annoyed at/about/with ~: ~에 짜증이 나다

- I was extremely _____ at the noise from upstairs.
  나는 위층에서 나는 소음에 극도로 짜증이 났다.

128 trap
[træp]

(명) 덫, 함정 (동) (위험한 곳에) 가두다, 덫으로 잡다

- I set a mousetrap, but a cat got caught in the **trap** instead.
  나는 쥐덫을 설치했는데 고양이 한 마리가 대신 그 덫에 걸렸다.
- Help! My child is   ped in the burning house!
  도와주세요! 제 아이가 불타는 집에 갇혀 있어요!

---

129 awkward
[ɔ́ːkwərd]

(형) 어색한, 곤란한/다루기 힘든

- It was really **awkward** when Jenny said she liked me.
  Jenny가 나를 좋아한다고 말했을 때 정말 어색했다.
- The first computer was just a huge   tool.
  최초의 컴퓨터는 그저 크고 다루기 힘든 도구에 불과했다.

---

130 entertain
[èntərtéin]

(동) (사람들을) 즐겁게 해주다   entertainer (명) 연예인

- I sang and danced to **entertain** my dad on his birthday.
  나는 아빠의 생일에 즐겁게 해드리려고 노래하고 춤을 췄다.
- Everyone at the party was   ed by the magician.
  파티에 온 모든 사람들이 마술사로 인해 즐거워했다.

---

131 plot
[plɑt]

(명) (소설·영화 등의) 줄거리/구성, 음모

- The novel is popular because of its interesting **plot**.
  그 소설은 흥미로운 줄거리로 인해 인기가 있다.

➕ a plot to+동사원형: ~할 음모

- Not knowing about the   to kill him, the king fell asleep.
  자신을 죽이려는 음모를 모른 채 그 왕은 잠이 들었다.

---

132 system
[sístəm]

(명) 시스템/체계, 제도

- Ancient Rome had a good water supply **system**.
  고대 로마는 좋은 물 공급 체계를 구비하고 있었다.
- Is there a perfect educational   anywhere in the world?
  세상 어느 곳에 완벽한 교육 제도가 있을까?

---

133 perform
[pərfɔ́ːrm]

(동) (일을) 수행하다, 공연하다   performance (명) 수행, 공연

- I was stressed out because I wanted to **perform** my job well.
  나는 내 일을 잘 수행하고 싶었기 때문에 스트레스를 많이 받았다.
- Our school band   s every December.
  우리 학교 밴드는 매년 12월에 공연을 한다.

---

134 arrange
[əréindʒ]

(동) 계획하다/준비하다, (가지런히) 정리하다

- The field trip was **arranged** carefully for our safety.
  현장체험학습은 우리의 안전을 위해 신중히 계획되었다.
- Get into groups of five. Then   your seats neatly.
  5명씩 모둠을 만들어. 그런 다음 자리를 가지런히 해.

---

135 grave
[greiv]

(명) 무덤   (유) tomb

- The family quietly put some flowers on the **grave**.
  그 가족은 조용히 무덤 위에 꽃을 놓았다.
- The man dug a   for his dead pet cat.
  그 남자는 죽은 반려묘를 위해 무덤을 팠다.

136 promote
[prəmóut]

(동) 촉진하다/장려하다, 승진시키다, 홍보하다

promotion (명) 승진, 홍보

- My school started a walking campaign to **promote** health.
  우리 학교는 건강을 장려하기 위해 걷기 캠페인을 시작했다.
- I shouted excitedly when my dad got　　　　d.
  아빠가 승진하셨을 때 나는 신이 나서 소리를 질렀다.

---

137 frankly
[frǽŋkli]

(부) 솔직히

(유) honestly

- I told you that I liked Sam, but **frankly**, I like you more.
  나는 Sam을 좋아한다고 네게 말했지만, 사실 나는 너를 더 좋아해.

➕ frankly speaking: 솔직히 말하자면

- 　　　　　speaking, I told John the secret.
  솔직히 말하자면 내가 그 비밀을 John에게 이야기했어.

---

138 acknowledge
[əknálidʒ]

(동) 인정하다

(유) admit

- **Acknowledging** your faults is not a shameful thing to do.
  잘못을 인정하는 것은 부끄러운 일이 아니다.
- Finally, the man　　　　d that he stole my purse.
  마침내 그 남자는 자신이 내 지갑을 훔쳤다는 것을 시인했다.

---

139 despite
[dispáit]

(전) ~에도 불구하고

(유) in spite of

- **Despite** their huge size, the Siberian Huskies don't look scary.
  시베리안 허스키는 거대한 크기에도 불구하고 무섭게 보이지 않는다.
- 　　　　　the cold weather, we went out for a snowball fight.
  추운 날씨에도 불구하고 우리는 눈싸움을 하러 나갔다.

---

140 nevertheless
[nèvərðəlés]

(부) 그렇기는 하지만, 그럼에도 불구하고

- Reading can be boring. **Nevertheless**, we should read more.
  독서는 지루할 수 있다. 그렇기는 하지만 우리는 책을 더 많이 읽어야 한다.
- Mr. Darcy is rich.　　　　　, he works hard to earn more.
  Darcy 씨는 부유하다. 그럼에도 불구하고 그는 더 벌기 위해 열심히 일한다.

Check Up 정답 p.173

🅐 다음 영어단어의 우리말을 쓰시오.

1 entertain	_____	2 arrange	_____
3 compose	_____	4 plot	_____
5 gender	_____	6 quarter	_____
7 awkward	_____	8 despite	_____

B 다음 영어단어와 비슷한 의미를 가진 것을 보기 에서 찾아 쓰시오.

1 frankly → _____

2 blink → _____

3 acknowledge → _____

보기   admit
       wink
       honestly

C 우리말과 일치하도록 알맞은 영어단어를 써넣어 문장을 완성하시오.

1 I set a mousetrap, but a cat got caught in the _____ instead.
나는 쥐덫을 설치했는데 고양이 한 마리가 대신 그 덫에 걸렸다.

2 The presenter was nervous and _____ed repeatedly.
그 발표자는 긴장해서 자꾸 눈을 깜박거렸다.

3 No one knows exactly when the bible was _____ed.
아무도 성경이 언제 출판되었는지 정확히 알지 못한다.

4 When we are tired, we get _____ very easily.
피곤할 때 우리는 무척 쉽게 짜증이 난다.

5 My school started a walking campaign to _____ health.
우리 학교는 건강을 장려하기 위해 걷기 캠페인을 시작했다.

6 Our school band _____s every December.
우리 학교 밴드는 매년 12월에 공연을 한다.

7 Mr. Darcy is rich. _____, he works hard to earn more.
Darcy 씨는 부유하다. 그럼에도 불구하고 그는 더 벌기 위해 열심히 일한다.

8 Ancient Rome had a good water supply _____.
고대 로마는 좋은 물 공급 체계를 구비하고 있었다.

9 Sam has many friends because he is an _____ person.
Sam은 외향적인 사람이라 친구가 많다.

10 The family quietly put some flowers on the _____.
그 가족은 조용히 무덤 위에 꽃을 놓았다.

D 밑줄 친 부분을 바르게 고쳐 문장을 다시 쓰시오.

1 Frank speaking, I told John the secret.

→ _____

2 The Philippines is composed for about 7,100 islands.

→ _____

10

---

141 **bloom**
[blu:m]

(명)(관상용) 꽃, 꽃이 피는 시기   (동)꽃이 피다

- Wait until the spring to see the roses in **bloom**.
  장미꽃이 핀 것을 보려면 봄까지 기다려.
- The flowers in the garden began to _____.
  정원에 있는 꽃들이 피어나기 시작했다.

---

142 **fear**
[fiər]

(명)두려움, 공포

- The soldiers marched into the battle without **fear**.
  그 군인들은 두려워하지 않고 전쟁터로 행진하였다.

➕ fear of ~: ~에 대한 두려움

- Sam never goes swimming for _____ of drowning.
  Sam은 물에 빠질까 무서워서 절대로 수영하러 가지 않는다.

---

143 **network**
[nétwə̀:rk]

(명)(그물처럼 얽혀있는) 망, 네트워크

- England is famous for its convenient rail **network**.
  영국은 편리한 철도망으로 유명하다.
- The computer _____ made it easier to share information.
  컴퓨터 네트워크는 더욱 쉽게 정보를 공유할 수 있게 했다.

---

144 **trunk**
[trʌŋk]

(명)나무의 몸통, 코끼리의 코

- Playing hide and seek, Sam hid behind the **trunk** of a tree.
  숨바꼭질을 하면서 Sam은 나무 몸통 뒤에 숨었다.
- Did you know elephants use their _____s for hugging?
  코끼리들이 껴안는 데 코를 사용한다는 것을 알고 있었니?

---

145 **strict**
[strikt]

(형)엄격한, 엄한   strictly (부)엄격히, 철저히

- Some schools have **strict** rules about their school uniform.
  교복에 대해 엄격한 규칙을 갖고 있는 학교들도 있다.
- My dad is so _____ that I can't stay out late.
  우리 아빠는 무척 엄하셔서 나는 늦게까지 밖에 있을 수 없어.

---

146 **general**
[dʒénərəl]

(형)일반적인/보편적인, 대략적인   generally (부)일반적으로   (반)specific 특정한

➕ in general: 일반적으로

- In **general**, Korean students study until late at night.
  일반적으로 한국 학생들은 밤늦게까지 공부를 한다.
- This is my _____ idea about the plan.
  이것이 그 계획에 대한 나의 대략적인 생각이야.

---

147 **rub**
[rʌb]

(동)문지르다, 비비다

- Have you ever seen a fly **rubbing** its hands?
  파리가 손을 비비는 것을 본 적이 있니?
- The student _____bed his eyes so as not to fall asleep.
  그 학생은 잠들지 않으려고 눈을 비볐다.

148 military
[mílitèri]

형 군의, 군사의 명 군인들, 군대　　　　유 army

- The **military** training was so strict that he wanted to go home.
  그 군사 훈련은 무척 엄해서 그는 집에 가고 싶었다.
- We serve in the ＿＿＿＿＿ not for war but for peace.
  우리는 전쟁이 아니라 평화를 위해 군에 복무한다.

---

149 barrier
[bǽriər]

명 (통행을 막거나 일을 방해하는) 장벽, 장애물

- Quin Shi Huang built a **barrier** called the Great Wall.
  진시황은 만리장성이라고 불리는 장벽을 쌓았다.
- Laziness is a major ＿＿＿＿＿ to success. 게으름은 성공의 가장 큰 장애물이다.

---

150 entire
[intáiər]

형 전체의, 모든　　　　유 whole

- The **entire** wall was painted blue.
  벽 전체가 파란색으로 칠해졌다.
- When I arrived in Paris, the ＿＿＿＿＿ world looked new.
  내가 파리에 도착했을 때 온 세상이 새롭게 보였다.

---

151 poison
[pɔ́izən]

명 독　　동 독살하다

- Some frogs' **poison** is strong enough to fight snakes.
  몇몇 개구리들의 독은 뱀과 싸울 수 있을 정도로 강력하다.
- History tells us that many Roman emperors were ＿＿＿＿＿ ed.
  역사는 많은 로마의 황제들이 독살되었다는 것을 말해준다.

---

152 tag
[tæg]

명 (표시를 위해 붙인) 꼬리표

- Wear the name **tag** on your right side. 오른쪽에 이름표를 다세요.
- The price ＿＿＿＿＿ says the shirt is on sale for $10.
  가격표에 그 셔츠는 10달러로 할인 중이라고 쓰여 있다.

---

153 proper
[prápər]

형 적합한, 적절한　　　　유 appropriate

- Read the instructions for the **proper** use of this tool.
  이 도구를 제대로 사용하려면 설명서를 읽으세요.
- It was ＿＿＿＿＿ for Sam to apologize for his mistake.
  Sam이 자신의 실수에 대해 사과한 것은 적절했다.

---

154 locate
[lóukeit]

동 ~의 위치를 알아내다, ~에 두다

- The researchers **located** the volcano on the map.
  그 연구원들은 지도에서 화산의 위치를 알아냈다.

  ➕ be located in ~: ~에 위치해 있다

- Thailand and Vietnam are ＿＿＿＿＿ d in Southeast Asia.
  태국과 베트남은 동남아시아에 위치해 있다.

---

155 concentrate 동 집중하다
[kánsəntrèit]　　　　　　　　　　　　　　유 focus

- If you **concentrate**, you can feel the house shaking.
  네가 집중하면 집이 흔들리는 것을 느낄 수 있을 거야.

  ➕ concentrate on ~: ~에 집중하다

- I can't ＿＿＿＿＿ on studying when I'm too hungry.
  나는 너무 배가 고프면 공부에 집중할 수가 없어.

156 pursue

[pərsjú:]

(동) 추구하다, 밀고 나가다

• The actor left home at an early age to **pursue** his dream.
그 배우는 자신의 꿈을 좇기 위해 어린 나이에 집을 떠났다.

• Jin _____ d her career against her parents' wishes.
Jin은 부모님의 소망과 반하는 자신의 직업을 밀고 나갔다.

157 oppose

[əpóuz]

(동) 반대하다, 못하게 하다

opposition (명) 반대

• We all wanted to eat out, but Dad **opposed** the idea.
우리 모두는 외식하고 싶어 했지만, 아빠가 반대하셨다.

• Animal lovers strongly _____ the killing of street cats.
동물 애호가들은 길고양이들을 죽이는 것을 강력히 반대한다.

158 adapt

[ədǽpt]

(동) (상황에) 적응하다, (용도에 맞게) 바꾸다

➕ adapt to ~: ~에 적응하다

• In March, we should **adapt** to the changing weather.
3월에 우리는 바뀌는 날씨에 적응해야 한다.

• The play's script was _____ ed from a novel.
그 연극 대본은 한 소설에서 각색되었다.

159 disabled

[diséibld]

(형) 장애가 있는

• The school building was adapted for **disabled** students.
그 학교 건물은 장애를 가진 학생들에게 맞춰졌다.

• There aren't many facilities only for _____ people.
장애인 전용 시설은 많지 않다.

160 despair

[dispέər]

(명) 절망, 좌절

• Your donation can replace **despair** with hope.
여러분의 기부가 절망을 희망으로 바꿀 수 있습니다.

➕ in despair: 절망하여, 절망하는

• John was in _____ after his only friend left him.
John은 그의 유일한 친구가 떠나자 좌절했다.

Check Up 정답 p.173

Ⓐ 다음 영어단어의 우리말을 쓰시오.

1 despair _____ 　　2 barrier _____

3 trunk _____ 　　4 pursue _____

5 bloom _____ 　　6 oppose _____

7 network _____ 　　8 disabled _____

B 다음 영어단어와 비슷한 의미를 가진 것을 보기 에서 찾아 쓰시오.

1 concentrate   → _____

2 entire   → _____

3 proper   → _____

보기   **whole**
focus
appropriate

C 우리말과 일치하도록 알맞은 영어단어를 써넣어 문장을 완성하시오.

1 My dad is so _____ that I can't stay out late.
우리 아빠는 무척 엄하셔서 나는 늦게까지 밖에 있을 수 없어.

2 Some frogs' _____ is strong enough to fight snakes.
몇몇 개구리들의 독은 뱀과 싸울 수 있을 정도로 강력하다.

3 Sam never goes swimming for _____ of drowning.
Sam은 물에 빠질까 무서워서 절대로 수영하러 가지 않는다.

4 Have you ever seen a fly _____bing its hands?
파리가 손을 비비는 것을 본 적이 있니?

5 The researchers _____d the volcano on the map.
그 연구원들은 지도에서 화산의 위치를 알아냈다.

6 The _____ wall was painted blue.
벽 전체가 파란색으로 칠해졌다.

7 We serve in the _____ not for war but for peace.
우리는 전쟁이 아니라 평화를 위해 군에 복무한다.

8 Wear the name _____ on your right side.
오른쪽에 이름표를 다세요.

9 In _____, Korean students study until late at night.
일반적으로 한국 학생들은 밤늦게까지 공부를 한다.

10 In March, we should _____ to the changing weather.
3월에 우리는 바뀌는 날씨에 적응해야 한다.

D 밑줄 친 부분을 바르게 고쳐 문장을 다시 쓰시오.

1 Thailand and Vietnam are located to Southeast Asia.

→ _____

2 I can't concentrate for studying when I'm too hungry.

→ _____

161 bounce
[bauns]

(동) (공 등이) 튀다, 튀어 오르다   (명) 튐

• In squash, you hit a ball that **bounces** off the walls.
스쿼시에서는 벽에 맞고 튕겨져 나오는 공을 친다.

• The strange _____ of the ball made it hard to catch.
공이 이상하게 튀어서 잡기에 어려웠다.

162 female
[fíːmèil]

(형) 여자의, 암컷의   (명) 여자, 암컷

(반) male 남자의, 남자

• Some students want to learn from **female** teachers.
여자 교사에게 배우기를 원하는 학생들이 있다.

• There are " _____ Only" parking spaces in some cities.
몇몇 도시에는 '여성 전용' 주차 공간이 있다.

163 planet
[plǽnit]

(명) 행성

• Do you think there is another **planet** like Earth in the universe?
너는 우주에 지구와 같은 행성이 있다고 생각하니?

• Stars, like the sun, twinkle, but _____ s don't.
태양과 같은 별들은 반짝이지만 행성들은 그렇지 않다.

164 unit
[júːnit]

(명) (전체를 구성하는) 각각의 사람/사물/그룹, 단위

• One million **units** of the game have been sold up to now.
지금까지 그 게임은 백 만개가 팔렸다.

• The two most common _____ s of length are meters and feet.
가장 흔한 길이의 단위 두 가지는 미터와 피트이다.

165 tribe
[traib]

(명) 부족, 종족

• A powerful **tribe** united many small ones to make a kingdom.
강한 부족이 왕국을 만들기 위해 많은 작은 부족들을 통합했다.

• Some African _____ s are still living in their traditional ways.
몇몇 아프리카 부족들은 여전히 전통적인 방식으로 살고 있다.

166 genre
[ʒáːnrə]

(명) (문학·예술 작품의) 장르, 유형

(유) type

• Comedy is one of the most popular movie **genres** worldwide.
코미디는 세계적으로 가장 인기 있는 영화 장르 중 하나이다.

• Mystery is my favorite _____ of books.
추리소설이 내가 가장 좋아하는 유형의 책이다.

167 responsible
[rispánsəbl]

(형) 책임이 있는

responsibility (명) 책임

➕ be responsible for ~: ~할 책임이 있다

• It's not me but Dad who is **responsible** for dinner today.
오늘 저녁 식사를 담당할 사람은 내가 아니라 아빠야.

• Children can learn to be _____ by raising a pet.
아이들은 반려동물을 기름으로써 책임감을 배울 수 있다.

168 mood
[muːd]

(명) 기분, 분위기
- It was Christmas so the children were in a good **mood**.
  크리스마스여서 그 아이들은 기분이 좋았다.
- The crowd at the festival was in a party _____.
  축제에 모인 사람들은 파티 분위기였다.

169 scan
[skæn]

(동) (유심히) 살펴보다, (재빨리) 훑어보다   (유) look into 살펴보다
- I **scanned** my report twice before I handed it in.
  나는 보고서를 제출하기 전에 두 번 살펴보았다.
- I _____ned the audience looking for my friends.
  나는 내 친구들을 찾으려 관객들을 훑어보았다.

170 entry
[éntri]

(명) 입장/출입, (경기·대회 등의) 참가   (유) admission 입장
- The museum offers free **entry** to children under 15.
  그 박물관은 15세 이하 아이들에게 무료입장을 허용한다.
- Pay the _____ fee for the event in advance.
  그 행사에 대한 참가비를 미리 지불하세요.

171 positive
[pázitiv]

(형) 확신하는, 긍정적인/호의적인, 낙관적인   (반) negative 부정적인
- I'm **positive** that our team won't let us down.
  나는 우리 팀이 우리를 실망시키지 않을 거라고 확신해.
- The job applicant was happy to get a _____ reply.
  그 구직자는 긍정적인 답변을 받고 기뻐했다.

172 target
[táːrgit]

(명) 목표, (화살·미사일 등을 이용한) 공격의 대상   (유) objective 목표
- Our next **target** is to get the Cleanest Class Prize.
  우리의 다음 목표는 친환경 학급 상을 받는 것이다.
- Robin Hood could hit a moving _____ from far away.
  로빈 후드는 멀리서도 움직이는 대상을 맞출 수 있었다.

173 struggle
[strágl]

(동) 애쓰다, 몸부림치다   (명) 투쟁, 몸부림
- The dragonfly **struggled** to get out of the child's hand.
  그 잠자리는 아이의 손에서 벗어나려 버둥거렸다.
- The movie was about a man's _____ for freedom.
  그 영화는 자유를 위한 한 남자의 투쟁에 관한 내용이었다.

174 tend
[tend]

(동) 하기 쉽다, 하고는 한다
⊕ tend to+동사원형: ~하는 경향이 있다
- We **tend** to forget our duties and remember our rights.
  우리는 의무는 잊어버리고 권리는 기억하는 경향이 있다.
- I _____ to forget my stuff at home.
  나는 집에 내 물건을 두고 오곤 한다.

175 consult
[kənsʌ́lt]

(동) 의견을 묻다, 상의하다
- **Consult** with your parents before you decide. 결정하기 전에 부모님의 의견을 여쭤봐.
- I _____ed my teacher about my grades. 나는 선생님과 내 성적에 대해 상의했다.

176 rare

[rɛər]

(형) 드문, 희귀한   (반) common

- Today, it is not **rare** to see fast food ads on the street.
  오늘날 길거리에서 패스트푸드 광고를 보는 것은 드문 일이 아니다.
- We need blood for the child with a _____ disease.
  희귀병에 걸린 그 아이를 위해 혈액이 필요합니다.

177 persuade

[pərswéid]

(동) 설득하다

➕ persuade A to+동사원형: A가 ~하도록 설득하다

- It was easy to **persuade** the silly boy to believe in ghosts.
  그 어리석은 남자아이가 귀신을 믿도록 설득하는 것은 쉬웠다.
- I _____d my parents to let me go on the trip.
  나는 그 여행을 가게 해 달라고 부모님을 설득했다.

178 alter

[ɔ́:ltər]

(동) 바꾸다, 변경하다   (유) change

- The actor **altered** his voice for his role in the movie.
  그 배우는 영화에서 자신의 역할을 위해 목소리를 바꿨다.
- You can _____ your class schedule anytime you want.
  당신이 원할 때면 언제든 수업 시간표를 변경해도 됩니다.

179 distract

[distrǽkt]

(동) 집중이 안 되게 하다, 주의를 딴 데로 돌리다   distraction (명) 주의 산만

- Whispering in class **distracts** other students.
  수업 시간에 속삭이는 것은 다른 학생들의 집중을 방해한다.
- While studying for the test, I was _____ed by my dog.
  시험 공부를 하는 동안 나는 우리집 개 때문에 집중이 되지 않았다.

180 obvious

[ábviəs]

(형) 분명한, 명백한   obviously (부) 명백히   (유) clear

➕ it is obvious that ~: ~라는 것은 분명하다

- It is **obvious** that Earth is not the only planet that has life.
  지구가 생명체를 지닌 유일한 행성이 아니라는 것은 분명하다.
- The reason why Sam doesn't like the girl is _____.
  Sam이 그 여자아이를 좋아하지 않는 이유는 뻔하다.

Check Up 정답 p.173

Ⓐ 다음 영어단어의 우리말을 쓰시오.

1 persuade	_____	2 female	_____
3 tribe	_____	4 bounce	_____
5 scan	_____	6 responsible	_____
7 mood	_____	8 positive	_____

B 다음 영어단어와 비슷한 의미를 가진 것을 보기 에서 찾아 쓰시오.

1 obvious   → _____

2 alter   → _____

3 genre   → _____

보기   **change**
      type
      clear

C 우리말과 일치하도록 알맞은 영어단어를 써넣어 문장을 완성하시오.

1 Whispering in class _____s other students.
수업 시간에 속삭이는 것은 다른 학생들의 집중을 방해한다.

2 The dragonfly _____d to get out of the child's hand.
그 잠자리는 아이의 손에서 벗어나려 버둥거렸다.

3 Our next _____ is to get the Cleanest Class Prize.
우리의 다음 목표는 친환경 학급 상을 받는 것이다.

4 I _____ to forget my stuff at home.
나는 집에 내 물건을 두고 오곤 한다.

5 Mystery is my favorite _____ of books.
추리소설은 내가 가장 좋아하는 유형의 책이다.

6 We need blood for the child with a _____ disease.
희귀병에 걸린 그 아이를 위해 혈액이 필요합니다.

7 The museum offers free _____ to children under 15.
그 박물관은 15세 이하 아이들에게 무료입장을 허용한다.

8 I _____ed my teacher about my grades.
나는 선생님과 내 성적에 대해 상의했다.

9 The two most common _____s of length are meters and feet.
가장 흔한 길이의 단위 두 가지는 미터와 피트이다.

10 Stars, like the sun, twinkle, but _____s don't.
태양과 같은 별들은 반짝이지만 행성들은 그렇지 않다.

D 밑줄 친 부분을 바르게 고쳐 문장을 다시 쓰시오.

1 It's not me but Dad who is responsible with dinner today.

→ _____

2 We tend to forgetting our duties and remember our rights.

→ _____

181 **bow** [bau]
⑧ (허리를 굽혀) 인사하다, 절하다   ⑨ 인사, 활 [bou]
- When Sam saw his grandfather, he **bowed** to him.
  Sam은 자신의 할아버지를 보고 인사를 드렸다.
- The _____ and arrow was used for hunting.
  활과 화살은 사냥을 위해서 사용되었다.

182 **fist** [fist]
⑨ 주먹
- When the magician opened his **fist**, the coin was gone.
  마술사가 주먹을 펴자 그 동전은 사라지고 없었다.
- Sam got very angry and hit the wall with his _____.
  Sam은 무척 화가 나서 주먹으로 벽을 쳤다.

183 **pleasant** [plézənt]
⑲ 즐거운/기분이 좋은, 쾌적한   please ⑧ 기쁘게 하다
- We had a **pleasant** dinner with great views at the restaurant.
  우리는 그 식당에서 멋진 풍경을 보며 즐거운 저녁 식사를 했다.
- We enjoyed the _____ fall weather.
  우리는 쾌적한 가을 날씨를 즐겼다.

184 **update** [ʎpdèit]
⑧ 최신 정보로 바꾸다   ⑨ 갱신, 업데이트
- Our school website is **updated** every March.
  우리 학교 웹사이트는 3월마다 업데이트된다.
- This app gives an hourly weather _____ for travelers.
  이 앱은 여행자들에게 매 시간 날씨 정보를 갱신하여 보여준다.

185 **scene** [siːn]
⑨ 풍경, (영화·책 등의) 장면, (사건 등의) 현장
- The rural **scene** in the picture reminds me of my hometown.
  그 그림의 시골 풍경은 내 고향을 떠올리게 한다.
- Since I saw the accident _____, I've had many nightmares.
  그 사고 현장을 본 이래로 나는 악몽을 많이 꿨다.

186 **escape** [iskéip]
⑧ 탈출하다, 벗어나다   ⑨ 탈출   ㈜ get away 벗어나다
➕ escape from ~: ~에서 탈출하다
- The report says the killer **escaped** from prison this morning.
  보도에 따르면 그 살인자는 오늘 아침에 감옥에서 탈출했다.
- I want an _____ from my busy daily life.
  나는 바쁜 일상에서 벗어나길 원한다.

187 **blend** [blend]
⑨ 혼합   ⑧ 섞다, 섞이다   ㈜ mix
- In the Multicultural Festival, you will see a rich **blend** of cultures.
  그 다문화 축제에서 여러분은 풍부한 문화의 융합을 보게 될 것입니다.
➕ blend A with B: A를 B와 섞다
- Next, _____ the flour with the other ingredients.
  다음, 밀가루를 다른 재료들과 섞으세요.

188 **myth**
[miθ]

(명) 신화, 사람들이 잘못 아는 정보나 이야기

- I enjoy reading Roman **myths** in my free time. 나는 한가할 때 로마 신화를 읽는 것을 즐긴다.
- They say ghosts appear in this house, but it's just a _____ .
  이 집에 귀신이 나타난다고들 말하지만 그것은 그저 지어낸 이야기이다.

---

189 **actual**
[ǽktʃuəl]

(형) 실제의, (사실을 바탕으로) 정확한　　actually (부)사실상　(유) real 실제의

- The moon looks small, but its **actual** size is much bigger.
  달은 작아 보이지만 실제 크기는 훨씬 크다.
- The _____ number of victims of the flood is not known yet.
  홍수 피해자의 정확한 숫자는 아직 알려지지 않았다.

---

190 **graduate**
[grǽdʒueit]

(동) 졸업하다　(명) 졸업생 [grǽdʒəwət]　　graduation (명)졸업

- Sam got a job right after he **graduated** from high school.
  Sam은 고등학교를 졸업하자마자 취업했다.
- As a college _____ , Tom wants a white-collar job.
  대학 졸업자로서 Tom은 사무직으로 일하고 싶어 한다.

---

191 **private**
[práivit]

(형) (특정인·단체의) 전용인, 사적인　　privacy (명)사생활　(반) public 공공의

- The fitness center provides a **private** locker to every member.
  그 헬스클럽은 모든 회원에게 전용 사물함을 제공한다.
- You must not read my diary. It's _____ . 내 일기를 읽지 마. 그건 사적인 것이야.

---

192 **term**
[təːrm]

(명) (특정 분야에서 쓰이는) 용어, 기간

- Science is hard to understand because of its difficult **terms**.
  과학은 어려운 용어 때문에 이해하기 어렵다.

➕ in terms of ~: ~라는 면에서

- Coke is bad in _____ s of health but good in terms of taste.
  콜라는 건강 면에서는 나쁘지만 맛이라는 면에서는 좋다.

---

193 **incident**
[ínsidənt]

(명) (갑작스럽게 생긴 안 좋은) 사건, 사고

- Who is responsible for the terrible shooting **incident**?
  누가 그 끔찍한 총격 사건에 대한 책임이 있는가?
- The dog bite on Sam's leg was the worst _____ of his childhood.
  개에게 다리를 물린 것은 Sam의 어린 시절에 있었던 최악의 사고였다.

---

194 **value**
[vǽljuː]

(명) (경제적인·중요성에 대한) 가치　　valuable (형)가치 있는　(유) worth

- Mark proved his **value** with two home runs in one game.
  Mark는 한 경기에서 두 개의 홈런으로 자신의 진가를 증명했다.
- We cannot measure the _____ of friendship.
  우리는 우정의 가치를 측정할 수 없다.

---

195 **damage**
[dǽmidʒ]

(명) 손상, 피해　(동) 손상시키다, 해를 끼치다

- It took time to recover from the **damage** of the storm.
  폭풍의 피해로부터 회복하기까지는 시간이 걸렸다.
- Running a marathon can _____ your heart and joints.
  마라톤은 심장과 관절을 손상시킬 수 있다.

196 refer
[rifə́ːr]

동 참고하다, 언급하다

➕ refer to ~: ~을 참고하다, 언급하다

- You can **refer** to a dictionary when you write in English.
  영어로 쓸 때 사전을 참고해도 됩니다.
- The village is often   red to as the "Home of the Arts."
  그 마을은 종종 '예술의 고향'으로 불린다.

197 afford
[əfɔ́ːrd]

동 (경제적·시간적으로) 여유가 있다, 형편이 되다

- My computer broke down, but I can't **afford** a new one.
  내 컴퓨터는 고장이 났지만 새 것을 살 돈이 없다.

➕ afford to+동사원형: ~할 여유가 있다

- The parents can't   to take care of their sick child.
  그 부모는 자신들의 아픈 아이를 돌볼 여유가 없다.

198 assume
[əsjúːm]

동 (~가 사실일 것으로) 생각하다, 추정하다

- Let's not **assume** that we will fail in advance.
  우리가 실패할 거라고 미리 생각하지 말자.
- We   d that Sam would be late, so we went ahead and ordered.
  우리는 Sam이 늦을 거라 생각해서, 먼저 가서 주문을 했다.

199 extinct
[ikstíŋkt]

형 멸종된, 사라진   extinction 명 멸종

- The seed bank stores seeds in case a plant becomes **extinct**.
  씨앗 은행은 식물이 멸종될 경우에 대비하여 씨앗들을 보관한다.
- Fossils tell us a lot about   animals.
  화석은 멸종된 동물들에 대해 많은 것을 알려준다.

200 preserve
[prizə́ːrv]

동 보호하다, (원래 상태를) 유지하다/보존하다   반 keep, protect

- We should **preserve** the Amazon forest, the lungs of the Earth.
  우리는 지구의 허파인 아마존 삼림을 보호해야 한다.
- The old temples are   d well for tourists.
  그 고대 사찰들은 관광객들을 위해 잘 보존되어 있다.

Check Up 정답 p.174

Ⓐ 다음 영어단어의 우리말을 쓰시오.

1 refer	_____	2 extinct	_____
3 scene	_____	4 incident	_____
5 fist	_____	6 term	_____
7 assume	_____	8 preserve	_____

B 다음 영어단어와 비슷한 의미를 가진 것을 보기 에서 찾아 쓰시오.

1 actual → _____

2 escape → _____

3 blend → _____

보기
real
mix
get away

C 우리말과 일치하도록 알맞은 영어단어를 써넣어 문장을 완성하시오.

1 I enjoy reading Roman _____ s in my free time.
나는 한가할 때 로마 신화를 읽는 것을 즐긴다.

2 We enjoyed the _____ fall weather.
우리는 쾌적한 가을 날씨를 즐겼다.

3 The _____ and arrow was used for hunting.
활과 화살은 사냥을 위해서 사용되었다.

4 We cannot measure the _____ of friendship.
우리는 우정의 가치를 측정할 수 없다.

5 Our school website is _____ d in every March.
우리 학교 웹사이트는 3월마다 업데이트 된다.

6 Sam got a job right after he _____ d from high school.
Sam은 고등학교를 졸업하자마자 취업했다.

7 Running a marathon can _____ your heart and joints.
마라톤은 심장과 관절을 손상시킬 수 있다.

8 My computer broke down, but I can't _____ a new one.
내 컴퓨터는 고장이 났지만 새 것을 살 돈이 없다.

9 You must not read my diary. It's _____.
내 일기를 읽지 마. 그건 사적인 것이야.

10 The moon looks small, but its _____ size is much bigger.
달은 작아 보이지만 실제 크기는 훨씬 크다.

D 밑줄 친 부분을 바르게 고쳐 문장을 다시 쓰시오.

1 The parents can't afford to taking care of their sick child.

→ _____

2 The report says the killer escaped to prison this morning.

→ _____

A 영어단어를 듣고 빈칸에 쓰시오. 그 다음, 해당 단어의 우리말을 쓰시오. 🎧13

1 _____ ➡ ....   2 _____ ➡ ....

3 _____ ➡ ....   4 _____ ➡ ....

5 _____ ➡ ....   6 _____ ➡ ....

7 _____ ➡ ....   8 _____ ➡ ....

9 _____ ➡ ....   10 _____ ➡ ....

11 _____ ➡ ....   12 _____ ➡ ....

13 _____ ➡ ....   14 _____ ➡ ....

15 _____ ➡ ....   16 _____ ➡ ....

B 다음 영어문장이 우리말과 일치하면 **O**, 그렇지 않으면 **X**를 쓰시오.

1 The Philippines is composed of about 7,100 islands.
필리핀은 약 7,100개의 섬으로 이루어져 있다. (   )

2 We all wanted to eat out, but Dad opposed the idea.
우리 모두는 외식하고 싶어 했지만, 아빠가 반대하셨다. (   )

3 Help! My child is rubbed in the burning house!
도와주세요! 제 아이가 불타는 집에 갇혀 있어요! (   )

4 We need blood for the child with a rare disease.
희귀병에 걸린 그 아이를 위해 혈액이 필요합니다. (   )

5 It was proper for Sam to apologize for his mistake.
Sam이 자신의 실수에 대해 사과한 것은 적절했다. (   )

6 If you didn't steal the money, you should influence it.
네가 그 돈을 훔치지 않았다면 그것을 증명해 봐. (   )

7 The annoyed number of victims of the flood is not known yet.
홍수 피해자의 정확한 숫자는 아직 알려지지 않았다. (   )

8 The fitness center provides a private locker to every member.
그 헬스클럽은 모든 회원에게 전용 사물함을 제공한다. (   )

9 You must give rough information on your passport.
여권에 나와있는 정확한 정보를 주셔야 합니다. (   )

10 The dragonfly struggled to get out of the child's hand.
그 잠자리는 아이의 손에서 벗어나려 버둥거렸다. (   )

C 다음 문장의 빈칸에 들어갈 알맞은 단어를 고르시오.

1 As science _____, our life gets more convenient.
   ① progresses   ② assumes   ③ graduates   ④ publishes   ⑤ blinks

2 Some schools have _____ rules about their school uniform.
   ① outgoing   ② entire   ③ extinct   ④ chemical   ⑤ strict

3 While studying for the test, I was _____ by my dog.
   ① published   ② arranged   ③ considered   ④ distracted   ⑤ proved

4 I joined the event to raise _____ for the orphans.
   ① mood   ② fists   ③ funds   ④ damage   ⑤ network

5 When Sam saw his grandfather, he _____ to him.
   ① bowed   ② rubbed   ③ promoted   ④ pursued   ⑤ opposed

6 Ancient Rome had a good water supply _____.
   ① poison   ② entry   ③ tribe   ④ system   ⑤ genre

7 Quin Shi Huang built a _____ called the Great Wall.
   ① barrier   ② bay   ③ quarter   ④ escape   ⑤ term

8 Children can learn to be _____ by raising a pet.
   ① general   ② responsible   ③ private   ④ awkward   ⑤ instant

9 The _____ room staff is always ready for patients.
   ① network   ② fear   ③ myth   ④ tag   ⑤ emergency

10 Do you think there is another _____ like Earth in the universe?
   ① rubber   ② target   ③ planet   ④ military   ⑤ nut

11 Get into groups of five. Then _____ your seats neatly.
   ① struggle   ② arrange   ③ acknowledge   ④ influence   ⑤ prove

12 Next, _____ the flour with the other ingredients.
   ① compose   ② perform   ③ neglect   ④ blend   ⑤ accomplish

13 I can't _____ on studying when I'm too hungry.
   ① adapt   ② bloom   ③ concentrate   ④ neglect   ⑤ trap

14 What is your _____, male or female? Check below.
   ① tribe   ② gender   ③ scene   ④ despair   ⑤ grave

15 We cannot measure the _____ of friendship.
   ① plenty   ② incident   ③ plot   ④ trunk   ⑤ value

D 다음 영어 설명에 해당하는 단어를 보기 에서 찾아 쓰시오.

보기	blend	blink	bow	entire	fear
	gender	plenty	positive	toss	tribe

1 a large amount or number of something → _____

2 to throw something in a somewhat careless way → _____

3 to close your eyes and open them quickly → _____

4 being a man or a woman → _____

5 the feeling that you have when you are afraid → _____

6 being all or every part of something → _____

7 a large group of related families who live in the same area → _____

8 believing that the situation will get better → _____

9 to bend your body forwards to show respect for someone → _____

10 a mixture of different types of something → _____

E 다음 문장에 들어갈 알맞은 품사의 단어를 고르시오.

1 I'll seriously 동[consider / consideration] taking swimming lessons.

2 Your English pronunciation is 형[accuracy / accurate].

3 Sam 동[annoying / annoys] me with his constant questions.

4 Can you guess the 명[valuable / value] of this painting?

5 In 형[general / generally], people prefer resting to working.

6 My friends 동[opposed / opposition] my suggestion to eat pizza.

7 The kids are 형[responsibility / responsible] for the fire.

8 If you 동[distract / distraction] me, get out of my room.

9 Mr. Kim 동[graduation / graduated] from college last year.

10 Don't tell anyone about my 형[private / privacy] life.

F 밑줄 친 부분과 의미가 비슷한 단어나 표현을 보기 에서 찾아 쓰시오.

보기	moment	mix	in spite of	appropriate	whole
	objective	real	tomb	type	watch

1 I forgot what I was going to say for an <u>instant</u>. → _____

2 <u>Observe</u> the full moon through this telescope. → _____

3 We are going to my grandma's <u>grave</u> during Chuseok. → _____

4 <u>Despite</u> the rain, we went on a field trip. → _____

5 Talk to your parents in a <u>proper</u> manner. → _____

6 Without rain, the <u>entire</u> building would have burned down. → _____

7 What is your favorite <u>genre</u> of literature? → _____

8 My <u>target</u> this year is to learn German. → _____

9 Next, <u>blend</u> the ingredients together for a minute. → _____

10 In the movie, <u>actual</u> cars were used for the car crash scene. → _____

G 밑줄 친 부분이 어법에 맞으면 O, 그렇지 않으면 X를 쓰시오.

1 Don't hurry. We have <u>plenty of time</u> to talk. (　　)

2 I'm seriously <u>considering keep</u> a dog at home. (　　)

3 The drama series <u>is composed of</u> 24 episodes. (　　)

4 The bookstore <u>is located in the center</u> of the town. (　　)

5 Teenagers <u>tend to being</u> influenced by their friends more than their parents. (　　)

6 What is the best way to <u>persuade people to saving</u> energy? (　　)

7 The lion <u>escaped from his cage</u> at the National Zoo last night. (　　)

8 Jeju island is the largest island in Korea <u>in terms the size</u>. (　　)

9 The poor man can't <u>afford to buying</u> his meal. (　　)

10 My school is raising <u>funds for a new library</u>. (　　)

A 영어단어는 우리말로, 우리말은 영어단어로 바꿔 쓰시오.

1 angle	→	26 남자 조카	→
2 frankly	→	27 최대의	→
3 advance	→	28 지역	→
4 despair	→	29 문지르다	→
5 translate	→	30 제국	→
6 deny	→	31 도덕적인	→
7 bay	→	32 가죽	→
8 aid	→	33 즉각적인	→
9 mass	→	34 강철	→
10 net	→	35 계정	→
11 tribe	→	36 꼭 맞다	→
12 dozen	→	37 선거를 통해 뽑다	→
13 symphony	→	38 기금	→
14 select	→	39 생각나게 하다	→
15 awkward	→	40 비용	→
16 demand	→	41 세부 사항	→
17 observe	→	42 덫	→
18 doubt	→	43 액자	→
19 bloom	→	44 줄거리	→
20 population	→	45 우려	→
21 alter	→	46 장벽	→
22 manage	→	47 신화	→
23 grave	→	48 마찬가지로	→
24 minimum	→	49 먼지	→
25 poison	→	50 ~이 있다	→

B 우리말과 일치하도록 알맞은 영어단어를 써넣어 문장을 완성하시오.

1 Sam likes to travel because he is an _____ person. Sam은 외향적인 사람이라 여행을 좋아한다.

2 Your body's growth _____s on your eating habits. 네 몸의 성장은 식습관에 달려있다.

3 There is no doubt that time is _____. 시간이 소중하다는 것은 의심할 여지가 없다.

4 Korea is not safe from _____s any more. 한국은 더 이상 지진으로부터 안전하지 않다.

5 Mr. Darcy _____d from Oxford University. Darcy 씨는 옥스포드 대학을 졸업했다.

6 I feel _____ when it is cloudy or rainy. 나는 날이 흐리거나 비가 오면 우울해진다.

7 The ferry to Jeju island was packed with _____s. 그 제주행 여객선은 승객들로 꽉 들어찼다.

8 The number of newborn babies has _____d lately. 최근에 신생아 수가 감소했다.

9 _____ thinking will make your life happier. 긍정적인 생각은 네 삶을 더 행복하게 만들 거야.

10 The farmers hoped for _____ of rain this year. 농부들은 올해 많은 비가 내리기를 바랐다.

11 My brother is _____ing in journalism. 우리 형은 신문방송학을 전공하고 있다.

12 The deer trembled with _____ in front of the lion. 그 사슴은 사자 앞에서 두려움으로 떨었다.

13 My parents ate out for their wedding _____. 부모님은 결혼 기념일을 축하하려고 외식했다.

14 What is the smallest _____ in our solar system? 우리 태양계에서 가장 작은 행성은 무엇인가?

15 Today, many people _____ products online. 오늘날 많은 사람들은 온라인으로 물건을 구입한다.

16 I felt _____ed by the loud noise from upstairs. 나는 위층에서 나는 큰 소음에 짜증이 났다.

17 The program is free during the trial _____. 그 프로그램은 시험 사용 기간에 무료이다.

18 Is your dog male or _____? 네 개는 수컷이니 아니면 암컷이니?

19 Be careful not to move the _____ leg. 다친 다리를 움직이지 않도록 조심해.

20 I learned the _____ way to wear a Hanbok. 나는 한복을 입는 제대로 된 방법을 배웠다.

21 The victim _____d the help from his neighbors. 그 희생자는 이웃들의 도움을 고마워했다.

22 This vaccine _____s you from catching a cold. 이 백신은 감기에 걸리는 것을 막아준다.

23 The singer had some _____ time with her fans. 그 가수는 자신의 팬들과 개인적인 시간을 가졌다.

24 Silk is important _____ for a dress. 비단은 드레스를 만드는 중요한 재료이다.

25 Young celebrities have a great _____ on kids. 젊은 유명인들은 아이들에게 커다란 영향을 미친다.

C 다음 문장에 들어갈 알맞은 단어를 고르시오.

1 The solders in the [army / steel / politics] are ready to fight for their country.

2 In squash, you hit a ball that [operates / bounces / fits] off the walls.

3 Tom didn't [trap / deny / compose] the rumor that he cheated on the test.

4 There is no reason to [scream / toss / suppose] that Tom stole the money.

5 Our school band [performs / blinks / acknowledges] every December.

6 Dad learned how to lay [bricks / dust / bays] to decorate our house.

7 When I'm confused, I stick to my [strings / gaps / principles].

8 Pay the [frame / fear / entry] fee for the event in advance.

9 Your room is a [network / mess / tag]. Clean it up right now!

10 It takes time to memorize all the [female / responsible / chemical] elements.

11 I [persuaded / leaned / advanced] back in the chair and put my legs on the desk.

12 The field trip was [distracted / arranged / bowed] carefully for our safety.

13 After the long winter, the weather has turned quite [mild / current / medical].

14 I watched my kids play with a [rubber / departure / unit] ball in the yard.

15 I remember playing on the [swings / regions / updates] on Sundays.

16 The school building was adapted for [disabled / accurate / extinct] students.

17 The sculpture is [referred / rubbed / carved] with figures of birds.

18 Did you know elephants use their [lacks / leather / trunks] for hugging?

19 The angry cat [managed / scratched / neglected] my face and ran away.

20 It is [rare / strict / obvious] that Earth is not the only planet that has life.

21 A [lack / nut / myth] of vitamin D leads to bone problems.

22 A lack of money made us [blend / entertain / abandon] the project.

23 The poor boy was left alone after his father went to [seal / prison / bloom].

24 [Plots / Details / Democracy] was born in ancient Greece.

25 The dog bite on Sam's leg was the worst [empire / incident / grave] of his childhood.

D 다음 문장의 빈칸에 공통으로 들어갈 단어를 고르시오.

1 · Not everyone was _____ with the field trip.
  · Sam was _____ with his test results.
  ① published   ② opposed   ③ progressed   ④ adapted   ⑤ satisfied

2 · The Philippines is _____ of about 7,100 islands.
  · This book is _____ of five chapters with different stories.
  ① composed   ② concentrated   ③ scanned   ④ struggled   ⑤ tended

3 · If you _____ the rules, there won't be any problems.
  · _____ing the traffic rules will help decrease car accidents.
  ① blend   ② scream   ③ obey   ④ demand   ⑤ select

4 · Children can learn to be _____ by raising a pet.
  · Parents are _____ for their children's health.
  ① strict   ② outgoing   ③ exact   ④ responsible   ⑤ precious

5 · This old photo _____ me of my school days.
  · Your name _____ me of my dead mother.
  ① glows   ② reminds   ③ attracts   ④ considers   ⑤ demonstrates

6 · I can't _____ on studying when I'm too hungry.
  · I turned off all the lights to _____ on the movie.
  ① prove   ② accomplish   ③ neglect   ④ perform   ⑤ concentrate

7 · Coke is bad in _____ of health but good in terms of taste.
  · It is really hard to understand scientific _____.
  ① plots   ② terms   ③ trunks   ④ tribes   ⑤ fists

8 · Penguins know how to _____ in extremely cold weather.
  · The man _____d in the desert even without enough water.
  ① graduate   ② fit   ③ depend   ④ survive   ⑤ decrease

9 · After losing five games in a row, they are _____ to win.
  · The student was _____ to win at the speaking contest.
  ① eager   ② rare   ③ remote   ④ tidy   ⑤ moral

10 · When I posted a new photo, I got many _____ responses.
  · He stopped working for an _____ when he heard a strange sound.
  ① extra   ② angle   ③ instant   ④ expense   ⑤ awkward

14

---

201 submarine
[sʌ̀bməríːn]

명 잠수함

- What do you think about traveling in a **submarine**?
  잠수함을 타고 여행하는 것에 대해 어떻게 생각하니?
- You can see some strange-looking fish from inside the _____.
  여러분들은 잠수함 안에서 특이하게 생긴 물고기들을 보게 될 것입니다.

---

202 fountain
[fáuntən]

명 분수, 샘

- There is a beautiful **fountain** in the center of the square.
  그 광장의 중심에는 아름다운 분수 하나가 있다.
- Drinking _____ s are found all over this park.
  이 공원에는 여기저기에 식수대가 있다.

---

203 press
[pres]

명 언론 동 (꾹) 누르다

- There is no real freedom without the freedom of the **press**.
  언론의 자유 없이는 진정한 자유가 없다.
- Jin _____ ed the button, but the TV didn't turn on.
  Jin이 버튼을 눌렀지만 텔레비전은 켜지지 않았다.

---

204 upper
[ʌ́pər]

형 (더) 위쪽의   반 lower (더) 아래쪽의

- Teen boys do a lot of **upper** body exercises to look manly.
  십대 남자아이들은 남성스럽게 보이려고 상반신 운동을 많이 한다.
- Having no rest for a week, Sam's _____ lip cracked.
  일주일간 쉬지 못해서 Sam의 윗입술은 갈라졌다.

---

205 admire
[ədmáiər]

동 높이 평가하다/칭찬하다, 감탄하며 바라보다   admiration 명 존경, 감탄

➕ admire A for B: B에 대해 A를 높이 평가하다

- I **admire** my dad for working day and night for us.
  나는 밤낮으로 우리를 위해 일하시는 아빠를 존경해.
- Sam _____ d the great view from the top of Mt. Jiri.
  Sam은 지리산 정상에서 멋진 전망을 감탄하며 바라보았다.

---

206 honor
[ánər]

명 명예, 존경/공경   동 (훈장 등의 명예를) 수여하다

- **Honor** was the most important thing to King Arthur.
  아서 왕에게 명예는 가장 중요한 것이었다.
- I was _____ ed with an award for volunteer work.
  나는 자원봉사에 대한 상을 받았다.

---

207 refuse
[rifjúːz]

동 거절하다   refusal 명 거절, 거부   유 turn down, decline

- The wise man **refused** the offer.
  그 현명한 남자는 그 제안을 거절했다.

➕ refuse to+동사원형: ~하기를 거부하다

- If my dog _____ s to eat, it means she is angry.
  내 개가 먹지 않는다면 그것은 화가 났다는 의미이다.

---

208 official
[əfíʃəl]

(형) 공적인, 공무상의　(명) 공무원, 직원

- English is the **official** language of many Asian countries.
  영어는 많은 아시아 국가에서 공용어이다.
- Ms. Darcy started working as a government ＿＿＿＿＿.
  Darcy 씨는 정부 직원으로 일하기 시작했다.

209 request
[rikwést]

(명) 요청　(동) 요청하다　　　　　(유) ask for 요청하다

- The library is open 24 hours every day by **request** of the students.
  학생들의 요청에 따라 도서관은 매일 24시간 개방된다.
- The actor ＿＿＿＿＿ed that no one know of his presence.
  그 배우는 누구도 자신이 여기 있다는 것을 모르게 할 것을 요청했다.

210 exhibit
[igzíbit]

(동) 전시하다　(명) 전시품

- The young artist had a chance to **exhibit** his paintings.
  그 젊은 화가는 자신의 그림을 전시할 기회를 가졌다.
- People gathered around the most valuable ＿＿＿＿＿s.
  사람들은 가장 가치가 높은 전시품 주위로 모여들었다.

211 profit
[práfit]

(명) 이익, 수익　　　　　(유) earnings

- The company is expected to make a big **profit** next year.
  그 회사는 내년에 큰 이익을 낼 것으로 예상된다.
- The company donates some of their ＿＿＿＿＿s every year.
  그 회사는 매년 그들의 수익 일부를 기부한다.

212 terrific
[tərífik]

(형) 매우 좋은, (양·정도가) 엄청난

- After two days of heavy rain, the weather turned **terrific**.
  이틀 간의 폭우 후에 날씨가 매우 좋아졌다.
- When Sam heard the ＿＿＿＿＿ news he was thrilled.
  Sam은 그 놀라운 뉴스를 들었을 때 짜릿함을 느꼈다.

213 activate
[ǽktəvèit]

(동) 작동시키다, 기능을 발휘하게 하다　　　　　(유) turn on

- If you smoke here, the fire alarm will be **activated**.
  여기서 담배를 피우면 화재경보기가 작동될 것입니다.
- Click the button below to ＿＿＿＿＿ your account.
  당신의 계정을 활성화하려면 아래 버튼을 클릭하세요.

214 conduct
[kəndʌ́kt]

(동) (특정 활동을) 하다　(명) 행동, 행위 [kándʌkt]　　(유) do 하다　behavior 행동

- I will **conduct** a survey before I write the article.
  나는 기사를 쓰기 전에 조사를 할 것이다.
- We will give the boy a prize for his good ＿＿＿＿＿.
  우리는 그 남자아이에게 선행상을 줄 것이다

215 decline
[dikláin]

(동) (수·양이) 감소하다, 거절하다　(명) 감소　(유) decrease 감소하다　refuse 거절하다

- The birth rate in Korea has been **declining** since 1971.
  1971년 이래로 한국의 출산율은 감소하고 있다.
- There has been a rapid ＿＿＿＿＿ in Korea's population.
  한국 인구에 가파른 감소가 있었다.

216 reflect
[riflékt]

⑧(거울·수면에) 모습을 비추다, (빛·소리 등을) 반사하다   reflection 몡반사, 반영

- Mr. Darcy looked at his face **reflected** in the window.
  Darcy 씨는 창문에 비친 자신의 얼굴을 쳐다보았다.
- A rainbow appears when raindrops _____ sunlight.
  무지개는 빗방울이 햇빛을 반사할 때 나타난다.

217 burst
[bəːrst]
burst-burst-burst

⑧터지다, 폭발하다   유explode

- The water balloon **burst** when I threw it against the wall.
  물풍선을 벽에 던지자 팍 터졌다.

➕ burst into tears: 갑자기 눈물을 터뜨리다

- The woman _____ into tears when she was fired.
  그 여자는 해고되자 갑자기 눈물을 터뜨렸다.

218 biology
[baiάlədʒi]

몡생물학

- **Biology** gives us information on living things.
  생물학은 우리에게 생명체에 대한 정보를 준다.
- We observed onion cells in _____ class.
  우리는 생물시간에 양파 세포를 관찰했다.

219 feature
[fíːtʃər]

몡특징, 이목구비   ⑧(포함된 사람이나 무언가를) 특징으로 삼다

- The main **feature** of the festival is the one-hour firework show.
  그 축제의 가장 큰 특징은 한 시간 동안 진행되는 불꽃놀이이다.
- The new movie _____s beautiful songs and dances.
  그 새 영화는 아름다운 노래와 춤을 특징으로 한다.

220 priority
[praiɔ́(ː)rəti]

몡우선 사항

- Make a list of your **priorities** so as not to waste your time.
  시간을 낭비하지 않으려면 우선 사항 목록을 만드세요.
- Our top _____ is to make our school a safe place.
  우리의 가장 우선 사항은 학교를 안전한 곳으로 만드는 것이다.

Check Up 정답 p.175

Ⓐ 다음 영어단어의 우리말을 쓰시오.

1 exhibit	_____	2 conduct	_____
3 activate	_____	4 reflect	_____
5 profit	_____	6 submarine	_____
7 upper	_____	8 priority	_____

B 다음 영어단어와 비슷한 의미를 가진 것을 보기 에서 찾아 쓰시오.

1 request → _____

2 conduct → _____

3 refuse → _____

보기   do
ask for
turn down

C 우리말과 일치하도록 알맞은 영어단어를 써넣어 문장을 완성하시오.

1 English is the _____ language of many Asian countries.
영어는 많은 아시아 국가에서 공용어이다.

2 The water balloon _____ when I threw it against the wall.
물풍선을 벽에 던지자 팍 터졌다.

3 There is a beautiful _____ in the center of the square.
그 광장의 중심에는 아름다운 분수 하나가 있다.

4 There has been a rapid _____ in Korea's population.
한국 인구에 가파른 감소가 있었다.

5 I _____ my dad for working day and night for us.
나는 밤낮으로 우리를 위해 일하시는 아빠를 존경해.

6 _____ gives us information on living things.
생물학은 우리에게 생명체에 대한 정보를 준다.

7 _____ was the most important thing to King Arthur.
아서 왕에게 명예는 가장 중요한 것이었다.

8 After two days of heavy rain, the weather turned _____.
이틀 간의 폭우 후에 날씨가 매우 좋아졌다.

9 Jin _____ed the button, but the TV didn't turn on.
Jin이 버튼을 눌렀지만 텔레비전은 켜지지 않았다.

10 The new movie _____s beautiful songs and dances.
그 새 영화는 아름다운 노래와 춤을 특징으로 한다.

D 밑줄 친 부분을 바르게 고쳐 문장을 다시 쓰시오.

1 If my dog refuses eat, it means she is angry.

→ _____

2 The woman burst from tears when she was fired.

→ _____

---

221 **brilliant**
[bríljənt]

㉠ 매우 뛰어난, 아주 밝은

• We were touched by the **brilliant** piano performance.
우리는 그 뛰어난 피아노 공연에 감동받았다.

• The blackouts made the moonlight look more　　　　　.
정전으로 인해 달빛은 더욱 밝아 보였다.

---

222 **fuel**
[fjú(ː)əl]

㈜ (가스 · 석탄 같은) 연료, 에너지원

• We should use fewer fossil **fuels** like coal for cleaner air.
우리는 더 깨끗한 공기를 위해 석탄 같은 화석 연료를 덜 사용해야 한다.

• My dad rides a bike on weekends to save money on　　　　　.
아빠는 연료비를 절약하려고 주말에는 자전거를 타신다.

---

223 **pride**
[praid]

㈜ 자랑스러움/자부심, 자존심   proud ㉠ 자랑스러운

• The student's perfect report card filled him with **pride**.
그 학생의 만점 성적표는 그를 자랑스러움으로 가득 차게 했다.

• I failed my math exam twice, which really hurt my　　　　　.
나는 수학 시험을 두 번이나 통과하지 못했고, 그것은 정말 내 자존심을 상하게 했다.

---

224 **valley**
[væli]

㈜ 계곡, 골짜기

• Death **Valley** is one of the hottest places in the U.S.
죽음의 계곡은 미국에서 가장 더운 곳 중 하나이다.

• I felt dizzy when I looked down at the deep　　　　　.
나는 깊은 계곡을 내려다보았을 때 어지러움을 느꼈다.

---

225 **admit**
[ədmít]

㉦ (마지못해) 인정하다, 입장을 허락하다

• The student **admitted** that she cheated on the test.
그 학생은 시험에서 부정행위를 했다는 것을 인정했다.

• Not all the people were　　　　　ted to the soccer game.
모든 사람이 그 축구 경기에 입장하지는 못했다.

---

226 **wrap**
[ræp]

㉦ (종이 · 천 등으로) 덮다, 감싸다   유 cover

➕ wrap A in B: A를 B로 감싸다

• Jin **wrapped** the gift for her dad in nice paper.
Jin은 아빠에게 드릴 선물을 예쁜 종이로 포장했다.

• The mom carefully　　　　　ped her baby in her jacket.
그 엄마는 조심스럽게 자신의 아기를 재킷으로 감쌌다.

---

227 **sigh**
[sai]

㉦ 한숨을 쉬다   ㈜ 한숨

• Jin **sighed** when she got her test results.
Jin은 시험 결과를 받았을 때 한숨을 쉬었다.

➕ with a sigh: 한숨을 쉬며

• "I wish Dad was here with us," the girl said with a　　　　　.
"아빠가 여기에 우리와 함께 계시면 좋을 텐데."라고 그 여자아이는 한숨을 쉬며 말했다.

---

228 pause
[pɔːz]

명 잠시 멈춤 동 잠시 멈추다, 중단하다

- My teacher talked to me for an hour without a **pause**.
  선생님은 한 시간 동안 쉬지 않고 내게 말씀하셨다.
- While jogging, I often _____ and take a deep breath.
  조깅을 하면서 나는 종종 멈춰서 숨을 깊게 들이 마신다.

---

229 celebrity
[səlébrəti]

명 유명인, (유명) 연예인

- **Celebrities** are actually normal people just like us.
  사실 유명인들은 딱 우리와 같은 보통 사람들이다.
- Sam was excited to get an autograph from a famous _____.
  Sam은 한 유명 연예인에게 사인을 받아서 신이 났다.

---

230 force
[fɔːrs]

명 (물리적인) 힘 동 강요하다

- Never try to change the behavior of children by **force**.
  절대로 힘으로 아이들의 행동을 바꾸려고 하지 마세요.

+ force A to+동사원형: A가 ~하게 하다
- The bullies _____d me to carry their school bags.
  그 불량배들은 내게 자신들의 책가방을 들게 했다.

---

231 rapid
[ræpid]

형 매우 빠른, 신속한   유 quick

- Teenagers feel awkward about the **rapid** growth of their bodies.
  십대들은 자신의 몸의 급격한 성장에 대해 어색함을 느낀다.
- We need a _____ response to the problem of bullying.
  우리는 따돌림 문제에 대한 신속한 대응이 필요하다.

---

232 transport
[trænspɔ́ːrt]

동 (차량으로 사람·물건을) 이동시키다, 나르다   transportation 명 교통   유 carry

- The company **transports** cargo to Japan by plane.
  그 회사는 비행기로 화물을 일본으로 나른다.
- The small ship can _____ 100 passengers at a time.
  그 작은 배는 한 번에 100명의 승객을 수송할 수 있다.

---

233 astronaut
[ǽstrənɔ̀ːt]

명 우주 비행사

- Someday we will be able to send **astronauts** to Mars.
  우리는 언젠가 화성에 우주 비행사를 보낼 수 있을 것이다.
- The _____ got out of the spaceship to fix the engine.
  그 우주 비행사는 엔진을 고치기 위해 우주선 밖으로 나왔다.

---

234 internal
[intə́ːrnəl]

형 내부의   반 external 외부의

- It is not hard to assemble the **internal** parts of a computer.
  컴퓨터의 내부 부품들을 조립하는 것은 어렵지 않다.
- You can control the _____ temperature of the house with this app.
  이 앱으로 집의 내부 온도를 조절할 수 있습니다.

---

235 delicate
[déləkit]

형 연약한/여린, 섬세한

- Be careful when you wash the **delicate** glasses.
  깨지기 쉬운 유리잔을 씻을 때에는 조심하세요.
- Sam has _____ hands like a pianist's.
  Sam은 피아노 연주자의 손처럼 곱고 가는 손을 가졌다.

236 resource
[ríːsɔ̀ːrs]

(명)(한 나라의) 자원, 자산, 자료

• Which are more important, natural or human **resources**?
천연 자원과 인적 자원 중에 어느 것이 더 중요한가?

• Many apps are valuable learning _____s.
많은 앱들이 값진 학습 자료이다.

---

237 anxiety
[æŋzáiəti]

(명)불안, 걱정   anxious (형)불안한

• Share your **anxieties** with your friends to feel better.
기분이 좀 더 나아지려면 네 걱정거리를 친구들에게 털어놔 봐.

• Dogs feel _____ when they are left alone at home.
개들은 집에 혼자 남겨질 때 불안감을 느낀다.

---

238 boost
[buːst]

(동)(좋은 방향으로) 증가시키다, 향상시키다

• Parents' trust in their children **boosts** their confidence.
자식에 대한 부모의 신뢰는 자식들의 자신감을 북돋아준다.

• We should create more jobs to _____ our economy.
우리는 경제를 신장시키기 위해 더 많은 일자리를 만들어야 한다.

---

239 finance
[fáinæns]

(명)(정부·회사·개인이 가진) 자금, 금융   financial (형)금융의

• Students must learn how to manage their **finances** wisely.
학생들은 현명하게 재정을 관리하는 법을 배워야 한다.

• There are many banks in London, a center of world _____.
세계 금융의 중심지인 런던에는 많은 은행들이 있다.

---

240 property
[prápərti]

(명)특성/속성, 재산/소유물

• Solids, liquids, and gases have different **properties**.
고체, 액체, 기체는 다른 특성을 지닌다.

• The park is public _____. Use it freely but cleanly.
그 공원은 공공 재산입니다. 자유롭게 쓰되 깨끗하게 쓰세요.

Check Up 정답 p.175

Ⓐ 다음 영어단어의 우리말을 쓰시오.

1 brilliant	_____	2 resource	_____
3 property	_____	4 finance	_____
5 boost	_____	6 astronaut	_____
7 celebrity	_____	8 internal	_____

B 다음 영어단어와 비슷한 의미를 가진 것을 보기 에서 찾아 쓰시오.

1 transport → _____

2 rapid → _____

3 wrap → _____

보기 cover
      quick
      carry

C 우리말과 일치하도록 알맞은 영어단어를 써넣어 문장을 완성하시오.

1 My teacher talked to me for an hour without a _____.
선생님은 한 시간 동안 쉬지 않고 내게 말씀하셨다.

2 The company _____s cargo to Japan by plane.
그 회사는 비행기로 화물을 일본으로 나른다.

3 Jin _____ed when she got her test results.
Jin은 시험 결과를 받았을 때 한숨을 쉬었다.

4 The student _____ted that she cheated on the test.
그 학생은 시험에서 부정행위를 했다는 것을 인정했다.

5 The student's perfect report card filled him with _____.
그 학생의 만점 성적표는 그를 자랑스러움으로 가득 차게 했다.

6 Never try to change the behavior of children by _____.
절대로 힘으로 아이들의 행동을 바꾸려고 하지 마세요.

7 Be careful when you wash the _____ glasses.
깨지기 쉬운 유리잔을 씻을 때에는 조심하세요.

8 We should use fewer fossil _____s like coal for cleaner air.
우리는 더 깨끗한 공기를 위해 석탄 같은 화석 연료를 덜 사용해야 한다.

9 Dogs feel _____ when they are left alone at home.
개들은 집에 혼자 남겨질 때 불안감을 느낀다.

10 I felt dizzy when I looked down at the deep _____.
나는 깊은 계곡을 내려다보았을 때 어지러움을 느꼈다.

D 밑줄 친 부분을 바르게 고쳐 문장을 다시 쓰시오.

1 Jin wrapped the gift for her dad to nice paper.

→ _____

2 The bullies forced me carrying their school bags.

→ _____

241 cabin
[kǽbin]

명 (나무로 만든) 오두막집, (비행기 등의) 객실

- My family used to stay in our summer **cabin** on weekends.
  우리 가족은 주말에 여름용 오두막집에 머무르곤 했다.
- The _____ was so cold that I couldn't sleep well in it.
  그 객실은 매우 추워서 나는 잠을 잘 잘 수 없었다.

242 shoot
[ʃuːt]
shoot-shot-shot

동 (총 등을) 쏘다, (영화·사진 등을) 촬영하다

- The arrow that was **shot** from a distance hit the target.
  멀리서 쏘아진 그 화살이 과녁을 맞추었다.
- The street was crowded while they were _____ing the movie.
  영화를 촬영하는 동안 그 거리는 붐볐다.

243 fate
[feit]

명 (피할 수 없는) 운명   유 destiny

- The princess accepted her **fate** and married the ugly prince.
  공주는 자신의 운명을 받아들이고 그 못생긴 왕자와 결혼했다.
- The _____ of the man depends on the judge.
  그 남자의 운명은 판사에게 달려 있다.

244 wire
[waiər]

명 (철사처럼 길고 가는) 금속 조각, 전선/케이블

- The old lady put up a **wire** fence around her garden.
  그 노부인은 정원 주위에 철조망을 쳤다.
- When the thief cut the _____, all the lights went out.
  그 도둑이 전선을 끊자 모든 전등이 꺼졌다.

245 affect
[əfékt]

동 영향을 주다   유 influence

- Celebrities **affect** teenagers in various ways.
  유명인들은 다양한 방식으로 십대 청소년들에게 영향을 미친다.
- My school life was deeply _____ed by my friends.
  나의 학교 생활은 친구들에 의해 깊이 영향을 받았다.

246 labor
[léibər]

명 노동, 노동력

- We are against using child **labor** to grow cotton in Africa.
  우리는 아프리카에서 목화를 재배하는 데 아동들을 노동시키는 것에 대해 반대한다.
- Many factories in Korea depend on foreign _____.
  한국의 많은 공장들이 외국 노동력에 의존한다.

247 rate
[reit]

명 비율, 속도, 요금

- As the divorce **rate** increases, more children are neglected.
  이혼율이 증가하면서 방치되는 아이들이 더 많아진다.

  ✚ at a ~ rate: ~의 속도로

- The popular book sold at a rapid _____.
  그 인기 있는 책은 빠른 속도로 팔렸다.

248 plain
[plein]

(형) 알기 쉬운, 명백한　(명) 평원

- Our native English teacher speaks in **plain** English.
  우리 원어민 영어 선생님은 평이한 영어로 말씀하신다.
- The animals are eating grass peacefully on the ＿＿＿＿＿.
  동물들이 평원에서 평화롭게 풀을 먹고 있다.

249 charm
[tʃɑːrm]

(명) 매력, 부적　(동) 마음을 사로잡다　　charming (형) 매력적인　(유) attraction 매력

- People love the singer for her beauty and **charm**.
  사람들은 그 여자 가수의 미모와 매력으로 인해 그녀를 좋아한다.
- I was ＿＿＿＿ed by Mr. Darcy's honesty.
  나는 Darcy 씨의 솔직함에 매력을 느꼈다.

250 filter
[fíltər]

(명) 여과 장치, 필터　(동) (원하지 않는 것을) 걸러내다

- Change the water **filters** regularly to keep the water clean.
  물을 깨끗하게 유지하려면 물 필터를 정기적으로 교체하세요.
- Many African people drink water that is not ＿＿＿＿ed.
  많은 아프리카 사람들이 여과되지 않은 물을 마신다.

251 signal
[sígnəl]

(명) (동작·소리로 보내는) 신호　(동) 신호를 보내다

- A police officer is controlling traffic with hand **signals**.
  한 경찰관이 수신호로 교통을 통제하고 있다.
- We learned how to ＿＿＿＿ for help before climbing K2.
  우리는 K2를 등반하기 전에 도움을 요청하는 신호를 보내는 법을 배웠다.

252 trial
[tráiəl]

(명) 재판, (품질·성능 등의) 시험/테스트

- King Solomon made a wise judgment in the **trial**.
  솔로몬 왕은 재판에서 현명한 판단을 내렸다.
- The ＿＿＿＿ version is free, but it only runs for 30 days.
  그 시험판은 무료이지만 30일 동안만 작동한다.

253 consume
[kənsúːm]

(동) (시간·에너지 등을) 소비하다/써버리다, 먹어 치우다　　consumer (명) 소비자

- More energy is **consumed** during the daytime than at night.
  밤보다 낮 동안에 더 많은 에너지가 소비된다.
- The boy ＿＿＿＿d two bottles of water after P.E. class.
  그 남자아이는 체육 수업 후에 물 두 병을 마셨다.

254 content
[kántent]

(명) 내용, 내용물　(형) 만족하는 [kəntént]　　(유) satisfied 만족하는

- In the meeting, they discussed the **contents** I didn't know.
  회의에서 그들은 내가 모르는 내용에 대해 이야기했다.
  ✚ be content with ~: ~에 만족하다
- Everyone was ＿＿＿＿ with my suggestion. 모든 사람들이 내 제안에 만족해했다.

255 develop
[divéləp]

(동) 자라다, 성장하다, 발전해 나가다　　development (명) 발전

- Chicago **developed** quickly after the big fire in 1871.
  시카고는 1871년에 발생한 대화재 이후 빠르게 발전했다.
- Playing with toys can help children ＿＿＿＿ their brain.
  장난감을 갖고 노는 것은 아이들이 두뇌를 개발하는 데 도움이 될 수 있다.

256 reveal
[riví:l]

동 (감추어졌던 것을) 드러내다, 공개하다

반 hide 감추다

- The newspaper **revealed** the dirty secrets of the mayor.
  그 신문은 시장의 추잡한 비밀들을 폭로했다.
- At last, the Olympic soccer players were _____ed to the public.
  마침내 올림픽에 참가할 축구 선수들이 대중에게 공개되었다.

257 appoint
[əpɔ́int]

동 임명하다, (날짜·장소를) 정하다

appointment 명 약속

+ be appointed as ~: ~로 임명되다

- Mr. Smith has been **appointed** as the principal of my school.
  Smith 씨가 우리 학교의 교장 선생님으로 임명되셨다.
- Let's _____ the time for the next meeting now.
  다음 회의를 할 시간을 지금 정합시다.

258 charity
[tʃǽrəti]

명 자선, 자선 단체

- We don't know who donated one billion won to **charity**.
  우리는 누가 자선 단체에 10억 원을 기부했는지 알지 못한다.
- The _____ helps nursing homes and orphanages.
  그 자선 단체는 양로원과 고아원을 돕고 있다.

259 flexible
[fléksəbl]

형 융통성 있는, 잘 구부러지는

- How about having a **flexible** schedule for the next trip?
  다음 여행에서는 융통성 있는 일정을 잡는 게 어때?
- We used _____ wires to make various shapes.
  우리는 다양한 형태를 만들기 위해 유연한 철사를 사용했다.

260 quantity
[kwántəti]

명 양, 수량

반 quality 질 유 amount

- The food here is excellent in quality and **quantity**.
  여기 음식은 질과 양에 있어 훌륭하다.
- There is a huge _____ of information online.
  온라인에는 엄청난 양의 정보가 있다.

Check Up 정답 p.175

A 다음 영어단어의 우리말을 쓰시오.

1 rate _____   2 cabin _____

3 flexible _____   4 shoot _____

5 reveal _____   6 filter _____

7 appoint _____   8 develop _____

B 다음 영어단어와 비슷한 의미를 가진 것을 보기 에서 찾아 쓰시오.

1 charm　　→　_____

2 quantity　　→　_____

3 content　　→　_____

보기　attraction
　　　satisfied
　　　amount

C 우리말과 일치하도록 알맞은 영어단어를 써넣어 문장을 완성하시오.

1 The food here is excellent in quality and _____.
여기 음식은 질과 양에 있어 훌륭하다.

2 Our native English teacher speaks in _____ English.
우리 원어민 영어 선생님은 평이한 영어로 말씀하신다.

3 A police officer is controlling traffic with hand _____s.
한 경찰관이 수신호로 교통을 통제하고 있다.

4 More energy is _____d during the daytime than at night.
밤보다 낮 동안에 더 많은 에너지가 소비된다.

5 The old lady put up a _____ fence around her garden.
그 노부인은 정원 주위에 철조망을 쳤다.

6 Many factories in Korea depend on foreign _____.
한국의 많은 공장들이 외국 노동력에 의존한다.

7 We don't know who donated one billion won to _____.
우리는 누가 자선 단체에 10억 원을 기부했는지 알지 못한다.

8 The _____ of the man depends on the judge.
그 남자의 운명은 판사에게 달려 있다.

9 Celebrities _____ teenagers in various ways.
유명인들은 다양한 방식으로 십대 청소년들에게 영향을 미친다.

10 King Solomon made a wise judgment in the _____.
솔로몬 왕은 재판에서 현명한 판단을 내렸다.

D 밑줄 친 부분을 바르게 고쳐 문장을 다시 쓰시오.

1 Mr. Smith has been appointed for the principal of my school.

→ _____

2 Everyone was content at my suggestion.

→ _____

17

---

261 **cattle**
[kǽtl]

몡 소

• A herd of **cattle** is grazing freely in the field.
한 무리의 소가 들판에서 자유로이 풀을 뜯어 먹고 있다.

• A day on the _____ farm starts with milking.
소농장에서의 하루는 우유를 짜는 것으로 시작된다.

---

262 **garage**
[ɡərɑ́:ʤ]

몡 차고, 주차장

• My **garage** has enough space for two cars.
내 차고는 두 대의 차가 들어가기에 충분한 공간이 있다.

• Mr. Darcy is changing a flat tire in the _____.
Darcy 씨는 차고에서 펑크 난 타이어를 교체하고 있다.

---

263 **rail**
[reil]

몡 철도, 난간, (커튼·수건 등을 거는) 가로로 긴 막대

• Our convenient **rail** system often surprises foreign visitors.
우리의 편리한 철도망은 종종 외국인 방문객들을 놀라게 한다.

• There is a hand _____ along the steep mountain path.
가파른 산길을 따라 손으로 잡을 수 있는 난간이 있다.

---

264 **zone**
[zoun]

몡 (어떤 특징·용도를 가진) 구역, 지역

• A school safety **zone** protects students from danger.
학교 안전 구역은 학생들을 위험으로부터 보호한다.

• In our school's English _____, we must talk only in English.
우리 학교의 영어 구역에서는 영어로만 말해야 한다.

---

265 **ancient**
[éinʃənt]

톙 고대의, 옛날의

• It is widely known that democracy began in **ancient** Greece.
민주주의가 고대 그리스에서 시작되었다는 것은 널리 알려져 있다.

• _____ people used to live in caves for safety.
옛날 사람들은 안전을 위해 동굴에서 살곤 했다.

---

266 **encourage**
[inkə́:riʤ]

동 용기를 북돋아 주다

• The roles of parents include **encouraging** their children.
부모의 역할 중 하나는 자식들을 격려해 주는 것이다.

✚ encourage A to+동사원형: A가 ~하도록 권하다

• Mr. Darcy _____d his son to learn to swim.
Darcy 씨는 아들에게 수영을 배울 것을 권했다.

---

267 **smooth**
[smu:ð]

톙 (표면이) 매끄러운, (일의 진행이) 원활한   반 rough 거친

• A warm bath will make your skin **smooth** like a baby's.
따뜻한 목욕은 당신의 피부를 아기 피부처럼 매끄럽게 만들어 줄 것입니다.

• The flight was very _____ throughout.
그 비행은 비행 내내 매우 원활했다.

---

268 **professor**
[prəfésər]

몡 교수
- The students concentrated on the lecture by **professor** Kim.
  학생들은 김 교수님의 강의에 집중했다.
- Mr. Clark is a _____ of economics at Mirae College.
  Clark 씨는 미래 대학의 경제학 교수이다.

269 **claim**
[kleim]

통 주장하다, 우기다　몡 주장
- The scientist **claims** that aliens killed the dinosaurs.
  그 과학자는 외계인이 공룡을 죽였다고 주장한다.
- No one supported her _____ that Sam stole her bag.
  Sam이 자신의 가방을 훔쳤다는 그 여자의 주장에 아무도 동조하지 않았다.

270 **external**
[ikstə́:rnəl]

혱 (사람·물체의) 외부의　　반 internal 내부의　유 outside
- The **external** walls of the building are full of posters.
  그 건물의 외부 벽면은 포스터로 가득 차 있다.
- The old man can't pay his rent without _____ support.
  그 노인은 외부 지원 없이는 집세를 낼 수 없다.

271 **realistic**
[rì(:)əlístik]

혱 현실을 직시하는, 현실성 있는/실현 가능한
- John's **realistic** advice is always helpful.
  John의 현실적인 충고는 항상 도움이 된다.
- When you go on a diet, make a _____ plan.
  다이어트를 할 때에는 실현 가능한 계획을 세우세요.

272 **twist**
[twist]

통 휘다, 구부리다, (신체 부위를) 비틀다
- We made a Christmas star by **twisting** a long wire.
  우리는 긴 철사를 구부려서 크리스마스 별을 만들었다.
- The dancer started to _____ his body to the music.
  그 댄서는 음악에 맞춰 몸을 비틀기 시작했다.

273 **extend**
[iksténd]

통 (공간을) 확장하다, (시간을) 늘리다/연장하다　extension 몡 연장
- This table is good for a small space because it can **extend** easily.
  이 탁자는 쉽게 확장할 수 있어서 좁은 공간에 두기에 좋다.
- The resort was so nice that I _____ed my stay.
  그 리조트는 무척 좋아서 나는 숙박을 연장했다.

274 **encounter**
[inkáuntər]

통 어려움에 부닥치다, 우연히 만나다　유 bump into 마주치다
- Before you succeed, you will **encounter** many difficulties.
  성공하기 전에 당신은 많은 어려움에 맞닥뜨리게 될 것입니다.
- Sam _____ed his teacher from elementary school on the street.
  Sam은 거리에서 초등학교 때 선생님과 우연히 만났다.

275 **lately**
[léitli]

뿐 최근에, 요즘　유 recently
- I haven't been getting enough sleep **lately**.
  나는 요새 잠을 충분히 자지 못했다.
- _____, we haven't talked much to each other.
  요즘 우리는 서로 많이 이야기하지 못했다.

276 rural
[rú(:)ərəl]

형 (도시에서 떨어진) 시골의, 교외의

반 urban 도시의

- These days, many people want to move to **rural** areas.
  요즘에는 많은 사람들이 시골 지역으로 이사 가고 싶어 한다.
- _____ life is not as easy and peaceful as it looks.
  전원 생활은 보이는 것만큼 쉽고 평화롭지는 않다.

277 characteristic
[kæ̀riktərístik]

명 특징, 특성

유 feature

- A long neck is a unique **characteristic** of Kayan women.
  긴 목은 Kayan 여자들의 독특한 특징이다.
- Passion is one of the main _____s of an artist.
  열정은 예술가의 주된 특성 중 하나이다.

278 command
[kəmǽnd]

명 명령 동 명령하다

유 order

- A guide dog will refuse **commands** if they are unsafe.
  안내견은 만일 명령이 위험한 것이라면 그것을 거부할 것이다.
- ✚ command A to+동사원형: A에게 ~하도록 명령하다
- The general _____ed his soldiers to move forward.
  장군은 병사들에게 전진하라고 명령했다.

279 government
[gʌ́vərnmənt]

명 정부

- A **government** should work for the benefit of the people.
  정부는 국민의 이익을 위해 일해야 한다.
- The _____ will start a new health care system soon.
  정부는 곧 새 의료 보험 제도를 시행할 것이다.

280 republic
[ripʌ́blik]

명 공화국

- The ROK is short for the **Republic** of Korea.
  ROK는 대한민국의 약자이다.
- The official name of Bulgaria is the _____ of Bulgaria.
  불가리아의 공식 명칭은 불가리아 공화국이다.

Check Up 정답 p.176

Ⓐ 다음 영어단어의 우리말을 쓰시오.

1 ancient _____

2 republic _____

3 government _____

4 encourage _____

5 professor _____

6 zone _____

7 realistic _____

8 encounter _____

B 다음 영어단어와 비슷한 의미를 가진 것을 보기 에서 찾아 쓰시오.

1 command → _____

2 external → _____

3 characteristic → _____

보기   feature
      outside
      order

C 우리말과 일치하도록 알맞은 영어단어를 써넣어 문장을 완성하시오.

1 A guide dog will refuse _____s if they are unsafe.
안내견은 만일 명령이 위험한 것이라면 그것을 거부할 것이다.

2 My _____ has enough space for two cars.
내 차고는 두 대의 차가 들어가기에 충분한 공간이 있다.

3 I haven't been getting enough sleep _____.
나는 요새 잠을 충분히 자지 못했다.

4 A warm bath will make your skin _____ like a baby's.
따뜻한 목욕은 당신의 피부를 아기 피부처럼 매끄럽게 만들어 줄 것입니다.

5 The resort was so nice that I _____ed my stay.
그 리조트는 무척 좋아서 나는 숙박을 연장했다.

6 Our convenient _____ system often surprises foreign visitors.
우리의 편리한 철도망은 종종 외국인 방문객들을 놀라게 한다.

7 The scientist _____s that aliens killed the dinosaurs.
그 과학자는 외계인이 공룡을 죽였다고 주장한다.

8 A herd of _____ is grazing freely in the field.
한 무리의 소가 들판에서 자유로이 풀을 뜯어 먹고 있다.

9 These days, many people want to move to _____ areas.
요즘에는 많은 사람들이 시골 지역으로 이사 가고 싶어 한다.

10 We made a Christmas star by _____ing a long wire.
우리는 긴 철사를 구부려서 크리스마스 별을 만들었다.

D 밑줄 친 부분을 바르게 고쳐 문장을 다시 쓰시오.

1 The general commanded his soldiers move forward.

→ _____

2 Mr. Darcy encouraged his son to learning to swim.

→ _____

281 **ceiling**
[síːliŋ]

⟨명⟩ **천장**

• The parents put star shapes on the **ceiling** for their baby.
그 부모는 아기를 위해 천장에 별 모양들을 붙여 놓았다.

• You can see Michelangelo's painting on the ⬚⬚⬚⬚⬚ of the Sistine Chapel in Rome. 로마의 시스티나 성당에서 미켈란젤로의 천장화를 볼 수 있다.

---

282 **grain**
[grein]

⟨명⟩ **(곡식의) 낟알, 알갱이, 입자**

• The farmer put up a scarecrow to protect his **grain** from birds.
농부는 새들로부터 곡물을 보호하기 위해 허수아비를 세웠다.

• My eye hurts. I got a ⬚⬚⬚⬚⬚ of sand in it.
한 쪽 눈이 아파. 눈에 모래알이 들어갔어.

---

283 **react**
[riǽkt]

⟨동⟩ **반응을 보이다** 　　　　　　reaction ⟨명⟩ 반응

➕ react to ~: ~에 반응하다

• I'm wondering how Sam will **react** to my gift.
Sam이 내 선물에 어떻게 반응할지 궁금하다.

• The students ⬚⬚⬚⬚⬚ed angrily to the new rule.
그 학생들은 새로운 규칙에 화를 내며 반응했다.

---

284 **bump**
[bʌmp]

⟨동⟩ **부딪치다**

• With no lights on, I **bumped** into the sofa in the living room.
전등이 켜 있지 않아서 나는 거실에 있는 소파에 부딪쳤다.

➕ bump into ~: ~와 우연히 마주치다

• Sam and Jin ⬚⬚⬚⬚⬚ed into each other in the bakery.
Sam과 Jin은 제과점에서 우연히 마주쳤다.

---

285 **annual**
[ǽnjuəl]

⟨형⟩ **1년 동안의, 1년에 한 번씩의** 　　annually ⟨부⟩ 매년

• Wow! Your monthly income is equal to my **annual** income.
와! 네 월 수입이 내 연간 수입과 같네.

• The yacht race is an ⬚⬚⬚⬚⬚ event hosted by the city.
그 요트 경기는 시에서 주최하는 연례 행사이다.

---

286 **magnet**
[mǽgnit]

⟨명⟩ **자석** 　　　　　　magnetic ⟨형⟩ 자석의

• **Magnets** are used in many everyday items, such as purses.
자석은 지갑과 같은 많은 일상용품에서 사용된다.

• We are actually standing on a huge ⬚⬚⬚⬚⬚; the Earth.
사실상 우리는 지구라는 커다란 자석 위에 서 있다.

---

287 **solar**
[sóulər]

⟨형⟩ **태양의, 태양열을 이용한**

• There are millions of **solar** systems like ours in the universe.
우주에는 우리 태양계와 같은 수백만 개의 태양계가 있다.

• ⬚⬚⬚⬚⬚ power is widely used as a clean energy source.
태양 에너지는 깨끗한 에너지원으로 널리 사용된다.

288 pronounce [prənáuns] (동) 발음하다   pronunciation (명) 발음

- Some English words are hard for Koreans to **pronounce**.
  한국인이 발음하기 힘든 영어 단어들이 있다.
- The teacher _____d the words slowly for us.
  선생님은 우리를 위해 단어들을 천천히 발음하셨다.

---

289 combine [kəmbáin] (동) 합치다, 결합하다   combination (명) 결합   (유) join together

➕ combine A with B: A와 B를 겸비하다

- A smartphone **combines** a phone with the Internet.
  스마트폰은 전화기와 인터넷을 합친 것이다.
- Ginger root and sugar _____ to make a healthy drink.
  생강 뿌리와 설탕은 합쳐져 건강한 음료가 된다.

---

290 frequent [fríːkwənt] (형) 자주 일어나는, 빈번한   frequently (부) 자주

- Car crashes are **frequent** on this slippery road.
  이 미끄러운 도로에서는 차량 충돌이 자주 일어난다.
- My mom makes _____ visits to grandma's to nurse her.
  엄마는 할머니를 간호하러 할머니 댁에 자주 가신다.

---

291 receipt [risíːt] (명) 영수증

- You can get your purchase information from the **receipt**.
  영수증에서 당신의 구매 정보를 확인할 수 있습니다.
- Make a habit to keep your _____s for returns.
  환불을 대비하여 영수증을 보관하는 습관을 들이세요.

---

292 union [júːnjən] (명) 노동조합, 협회/연합

- The **union** asked the president for a raise.
  그 노동조합은 사장에게 임금 인상을 요청했다.
- The European _____ works together for world peace.
  유럽 연합은 세계 평화를 위해 함께 일한다.

---

293 document [dákjəmənt] (명) (증거·기록이 되는) 문서, 서류

- The **document** shows Mr. Darcy owns this house.
  그 문서는 Darcy 씨가 이 집을 소유하고 있다는 것을 보여준다.
- These are the _____s you need to get the visa.
  이것들은 당신이 비자를 받는 데 필요한 서류들입니다.

---

294 facility [fəsíləti] (명) 시설

- Our school **facilities** include a gym and a swimming pool.
  우리 학교 시설 중에는 체육관과 수영장도 있다.
- The new sports _____ is clean and convenient to use.
  그 새 스포츠 시설은 깨끗하고 사용하기에 편리하다.

---

295 establish [istǽbliʃ] (동) 설립하다/만들어 내다, 확고히 하다   (유) found 설립하다

- The first public school in America was **established** in 1635.
  미국 최초의 공립 학교는 1635년에 설립되었다.
- The UN works to _____ peace in the world.
  국제 연합은 세계 평화를 확립하기 위해 일한다.

296 settle [sétl]

동 (논쟁 등을) 해결하다, 정착하다

- Teachers are supposed to **settle** arguments between students.
  교사는 학생들 간에 언쟁을 해결해야 한다.

➕ settle down: 정착하다

- Many East Asians hope to _____ down in Korea.
  많은 동아시아 사람들이 한국에 정착하기를 희망한다.

---

297 deserve [dizə́:rv]

동 ~할 만하다, ~받을 가치가 있다　　　　　　　　유 be worthy of

➕ deserve to+동사원형: (~할 만한) 가치가 있다

- Nelson Mandela **deserved** to win the Nobel Peace Prize.
  넬슨 만델라는 노벨 평화상을 수상할 만했다.

- All children _____ the love of their family.
  모든 아이들은 가족의 사랑을 받을 가치가 있다.

---

298 compete [kəmpí:t]

동 경쟁하다　　　　　　　　competition 명 경쟁

- My dogs **compete** to get my attention.
  나의 개들은 내 관심을 받으려고 경쟁한다.

➕ compete for ~: ~을 위해 경쟁하다

- Korean students _____ fiercely for higher scores.
  한국 학생들은 더 높은 점수를 받으려고 치열하게 경쟁한다.

---

299 hardly [hɑ́:rdli]

부 거의 ~않다

- My dad **hardly** ever shows his feelings.
  아빠는 자신의 감정을 거의 드러내지 않으신다.

- I could _____ control my laughter at the funny scene.
  나는 그 웃긴 장면에서 거의 웃음을 참을 수 없었다.

---

300 analysis [ənǽləsəs]

명 분석　　　　　　　　analyze 동 분석하다

- The doctor is collecting data for the **analysis** of cancer cells.
  그 의사는 암세포 분석을 위해 자료를 수집하고 있다.

- My blood was sent to the hospital lab for _____.
  내 피는 분석을 위해 병원 실험실로 보내졌다.

Check Up 정답 p.176

A 다음 영어단어의 우리말을 쓰시오.

1 grain _____　　　　2 analysis _____

3 document _____　　　　4 union _____

5 facility _____　　　　6 pronounce _____

7 settle _____　　　　8 solar _____

B 다음 영어단어와 비슷한 의미를 가진 것을 보기 에서 찾아 쓰시오.

1 deserve → _____

2 combine → _____

3 establish → _____

보기 **be worthy of**
found
join together

C 우리말과 일치하도록 알맞은 영어단어를 써넣어 문장을 완성하시오.

1 Car crashes are _____ on this slippery road.
이 미끄러운 도로에서는 차량 충돌이 자주 발생한다.

2 The parents put star shapes on the _____ for their baby.
그 부모는 아기를 위해 천장에 별 모양들을 붙여 놓았다.

3 The first public school in America was _____ed in 1635.
미국 최초의 공립 학교는 1635년에 설립되었다.

4 The yacht race is an _____ event hosted by the city.
그 요트 경기는 시에서 주최하는 연례 행사이다.

5 My dogs _____ to get my attention.
나의 개들은 내 관심을 받으려고 경쟁한다.

6 My dad _____ ever shows his feelings.
아빠는 자신의 감정을 거의 드러내지 않으신다.

7 The students _____ed angrily to the new rule.
그 학생들은 새로운 규칙에 화를 내며 반응했다.

8 _____s are used in many everyday items, such as purses.
자석은 지갑과 같은 많은 일상용품에서 사용된다.

9 Sam and Jin _____ed into each other in the bakery.
Sam과 Jin은 제과점에서 우연히 마주쳤다.

10 Make a habit to keep your _____s for returns.
환불을 대비하여 영수증을 보관하는 습관을 들이세요.

D 밑줄 친 부분을 바르게 고쳐 문장을 다시 쓰시오.

1 Nelson Mandela deserved to winning the Nobel Peace Prize.

→ _____

2 A smartphone combines a phone to the Internet.

→ _____

A 영어단어를 듣고 빈칸에 쓰시오. 그 다음, 해당 단어의 우리말을 쓰시오. 🎧19

1	_____ ➡	2	_____ ➡ ....
3	_____ ➡	4	_____ ➡ ....
5	_____ ➡	6	_____ ➡ ....
7	_____ ➡	8	_____ ➡ ....
9	_____ ➡	10	_____ ➡ ....
11	_____ ➡	12	_____ ➡ ....
13	_____ ➡	14	_____ ➡ ....
15	_____ ➡	16	_____ ➡ ....

B 다음 영어문장이 우리말과 일치하면 O, 그렇지 않으면 X를 쓰시오.

1 The water balloon burst when I threw it against the wall.
물풍선을 벽에 던지자 팍 터졌다. (   )

2 At last, the Olympic soccer players were revealed to the public.
마침내 올림픽에 참가할 축구 선수들이 대중에게 공개되었다. (   )

3 Jin wrapped the gift for her dad in nice paper.
Jin은 아빠에게 드릴 선물을 예쁜 종이로 포장했다. (   )

4 The resort was so nice that I developed my stay.
그 리조트는 무척 좋아서 나는 숙박을 연장했다. (   )

5 I was honored with an award for volunteer work.
나는 자원봉사에 대한 상을 받았다. (   )

6 The blackouts made the moonlight look more brilliant.
정전으로 인해 달빛은 더욱 밝아 보였다. (   )

7 Our top facility is to make our school a safe place.
우리의 가장 우선 사항은 학교를 안전한 곳으로 만드는 것이다. (   )

8 A long neck is a unique characteristic of Kayan women.
긴 목은 Kayan 여자들의 독특한 특징이다. (   )

9 You can get your purchase information from the request.
영수증에서 당신의 구매 정보를 확인할 수 있습니다. (   )

10 The student encountered that she cheated on the test.
그 학생은 시험에서 부정행위를 했다는 것을 인정했다. (   )

C 다음 문장의 빈칸에 들어갈 알맞은 단어를 고르시오.

1 Teenagers feel awkward about the _____ growth of their bodies.
   ① official   ② upper   ③ rapid   ④ ancient   ⑤ smooth

2 Teachers are supposed to _____ arguments between students.
   ① conduct   ② settle   ③ admire   ④ claim   ⑤ twist

3 I was _____ by Mr. Darcy's honesty.
   ① charmed   ② consumed   ③ declined   ④ conducted   ⑤ pressed

4 Mr. Darcy looked at his face _____ in the window.
   ① activated   ② reflected   ③ appointed   ④ twisted   ⑤ commanded

5 I could _____ control my laughter at the funny scene.
   ① rural   ② flexible   ③ republic   ④ hardly   ⑤ realistic

6 The food here is excellent in quality and _____.
   ① finance   ② profit   ③ quantity   ④ press   ⑤ cabin

7 The birth rate in Korea has been _____ since 1971.
   ① refusing   ② consuming   ③ pronouncing   ④ combining   ⑤ declining

8 The yacht race is an _____ event hosted by the city.
   ① annual   ② smooth   ③ external   ④ solar   ⑤ rural

9 Sam has _____ hands like a pianist's.
   ① plain   ② solar   ③ frequent   ④ delicate   ⑤ realistic

10 You can see some strange-looking fish from inside the _____.
   ① submarine   ② fuel   ③ garage   ④ ceiling   ⑤ charity

11 The _____ will start a new health care system soon.
   ① resource   ② analysis   ③ cattle   ④ biology   ⑤ government

12 In the meeting, they discussed the _____ I didn't know.
   ① anxiety   ② contents   ③ pride   ④ signal   ⑤ labor

13 The park is public _____. Use it freely but cleanly.
   ① signal   ② valley   ③ property   ④ wire   ⑤ rate

14 The flight was very _____ throughout.
   ① upper   ② delicate   ③ ancient   ④ official   ⑤ smooth

15 _____, we haven't talked much to each other.
   ① Rapid   ② Terrific   ③ Frequent   ④ Lately   ⑤ Hardly

D 다음 영어 설명에 해당하는 단어를 보기 에서 찾아 쓰시오.

보기
| admire | ancient | bump | professor | exhibit |
| fuel | combine | affect | plain | pause |

1 to have a feeling of respect for someone → _____

2 to show something in a public place as in a museum → _____

3 a substance such as oil used to produce power or heat → _____

4 to stop doing something for a short time → _____

5 to cause someone or something to change → _____

6 easily understood and clear → _____

7 belonging in old times or very old → _____

8 a senior teacher working at a college or university → _____

9 to hit someone or something accidently while you are moving → _____

10 to put or mix things together → _____

E 다음 문장에 들어갈 알맞은 품사의 단어를 고르시오.

1 Sam 통 [refused / refusal] my invitation without thinking twice.

2 "I got first prize in the contest," he said with 명 [proud / pride].

3 The clean mirror 통 [reflection / reflected] the sunlight very well.

4 The town 통 [developed / development] fast because of many factories.

5 You should prepare many documents to 통 [extend / extension] your visa.

6 The audience 통 [reaction / reacted] to the performance with passion.

7 I don't feel any 명 [anxious / anxiety] when speaking in public.

8 A 명 [magnet / magnetic] has the power to draw metal to it.

9 My dad put a good luck 명 [charming / charm] in his car.

10 The big festival is an 형 [annual / annually] event in the city.

F 밑줄 친 부분과 의미가 비슷한 단어나 표현을 보기 에서 찾아 쓰시오.

보기	satisfied	recently	is worthy of	carry	earnings
	cover	bump into	destiny	founded	influenced

1 I don't know why, but I can't fall asleep at night <u>lately</u>. → _____

2 Mother Teresa <u>affected</u> the lives of many people in Africa. → _____

3 This year's <u>profit</u> is much more than we expected. → _____

4 Seeing a police officer, the spy tried to <u>wrap</u> his gun in his jacket. → _____

5 Do you think you can control your own <u>fate</u>? → _____

6 The guests were <u>content</u> with the food at the party. → _____

7 Mr. Lee <u>established</u> the private school in 1971. → _____

8 I don't want to <u>encounter</u> my parents when I'm with my girlfriend. → _____

9 They will <u>transport</u> the goods to New York by plane. → _____

10 John is the best student in my class. He <u>deserves</u> the prize. → _____

G 밑줄 친 부분이 어법에 맞으면 O, 그렇지 않으면 X를 쓰시오.

1 The girl <u>burst into tears</u> after she read the sad story. (   )

2 I want to have the gift <u>wrapped in the red paper</u>. (   )

3 The police officer <u>forced me to stopped</u> my car. (   )

4 Mr. Darcy <u>refused to work</u> for the company. (   )

5 The new gym <u>combined enough space with new equipment</u>. (   )

6 Mr. Darcy <u>was appointed to the mayor</u> of the city. (   )

7 Sam and I <u>bumped into each other</u> while shopping. (   )

8 "My team lost the game," he said <u>with sigh</u>. (   )

9 The general <u>commanded his soldiers to starting</u> marching. (   )

10 The actor <u>deserves win</u> the Academy Awards for Best Actor. (   )

A 영어단어는 우리말로, 우리말은 영어단어로 바꿔 쓰시오.

1 bow		26 절망	
2 tag		27 ~에도 불구하고	
3 population		28 결핍	
4 remote		29 물개	
5 fuel		30 풍부한 양	
6 rough		31 공적인	
7 rail		32 두려움	
8 gender		33 덮다	
9 fate		34 생각나게 하다	
10 scream		35 소	
11 refer		36 외향적인	
12 honor		37 남자 조카	
13 acknowledge		38 기금	
14 fist		39 승객	
15 decrease		40 천장	
16 deserve		41 기간, 시기	
17 progress		42 드문	
18 charm		43 어려움에 부닥치다	
19 politics		44 행성	
20 mood		45 전체의	
21 preserve		46 우선 사항	
22 oppose		47 적합한	
23 resource		48 관찰하다	
24 economy		49 신속한	
25 rural		50 시스템	

B 우리말과 일치하도록 알맞은 영어단어를 써넣어 문장을 완성하시오.

1 The _____ wall painting was found in a cave. 그 고대 벽화는 한 동굴에서 발견되었다.

2 This website offers _____ news in the world every day. 이 웹사이트는 매일 최신 뉴스를 제공한다.

3 Everyone loves Sam's _____ attitude. 모든 사람이 Sam의 진지한 태도를 좋아한다.

4 I _____d from elementary school two years ago. 나는 2년 전에 초등학교를 졸업했다.

5 No one knows why dinosaurs went _____. 아무도 왜 공룡들이 멸종되었는지 알지 못한다.

6 The little boy _____d to leave. 그 어린 남자아이는 떠나기를 거부했다.

7 These days, _____ singers are very popular. 요즘에는 여자 가수들이 인기가 있다.

8 The farms _____ the city with vegetables. 그 농장들은 도시에 채소를 공급한다.

9 Bali is an island which is _____d in Indonesia. 발리는 인도네시아에 위치한 섬이다.

10 Love is a powerful _____ against hatred. 사랑은 미움에 대항하는 강력한 무기이다.

11 The last _____ of the movie was really touching. 그 영화의 마지막 장면은 정말 감동적이었다.

12 The famous writer will _____ a new book soon. 그 유명 작가는 곧 새 책을 출판할 것이다.

13 The hurricane caused a lot of _____. 허리케인이 많은 피해를 끼쳤다.

14 The dog in the cage _____d to get out of it. 우리에 갇힌 개는 그곳에서 벗어나려 발버둥쳤다.

15 The _____ from the accident took time to heal. 그 사고로 인한 상처는 낫는데 시간이 걸렸다.

16 This ship _____s goods and passengers to Japan. 이 배는 화물과 승객을 일본으로 수송한다.

17 On our desert trip, we _____d the stars at night. 사막 여행에서 우리는 밤에 별을 관찰했다.

18 I'll _____ that you are wrong. 나는 네가 틀렸다는 것을 증명할 거야.

19 There is an _____ situation. 비상 상황입니다.

20 My English teacher is _____ about spelling. 우리 영어선생님은 철자에 대해 엄격하시다.

21 The volunteer workers take good care of the _____s. 그 자원봉사자들은 고아들을 잘 돌본다.

22 _____ energy is produced when the sun is shining. 태양 에너지는 해가 비칠 때 만들어진다.

23 The small village needs new _____ facilities. 그 작은 마을은 새 의료 시설이 필요하다.

24 The field trip is a _____ memory for me. 그 현장체험학습은 나에게 즐거운 기억이다.

25 The meeting finished within a _____ of an hour. 그 회의는 15분 안에 끝났다.

C 다음 문장에 들어갈 알맞은 단어를 고르시오.

1 There is a beautiful [submarine / bay / fountain] in the center of the square.

2 My birthday dinner was great. [Nevertheless / Moreover / Likewise], I got a big gift.

3 The [military / fuel / income] training was so strict that he wanted to go home.

4 Coming from the long hike, Sam looked [awful / upper / official].

5 You need a clear plan to [press / accomplish / swing] your goals.

6 One million [zones / principles / units] of the game were sold up to now.

7 The door can be [operated / carved / appreciated] by remote control.

8 The moon looks small, but its [extra / tidy / actual] size is much bigger.

9 When we are tired, we get [annoyed / eager / principal] very easily.

10 Celebrities [affect / consume / shoot] teenagers in various ways.

11 Thousands of candles for the victim [glowed / demanded / considered] in the darkness.

12 Let's not [wrap / assume / organize] that we will fail in advance.

13 The presenter was nervous and [extended / slipped / blinked] repeatedly.

14 England is famous for its convenient rail [bloom / material / network].

15 You should arrive at the airport 3 hours before [trials / departure / quantity].

16 My teacher talked to me for an hour without a [feature / pause / poison].

17 In March, we should [purchase / adapt / rub] to the changing weather.

18 [Planets / Bows / Nuts] are a good snack because they are easy to carry.

19 I [scanned / graduated / escaped] my report twice before I handed it in.

20 The blackouts made the moonlight look more [brilliant / rural / extinct].

21 The passengers looked excited as they quickly got [mild / rough / aboard].

22 [Conduct / Consult / Boost] with your parents before you decide.

23 How about having a [flexible / solar / injured] schedule for the next trip?

24 Reading can be boring. [Frankly / Nevertheless / Likewise], we should read more.

25 We are against using child [fate / document / labor] to grow cotton in Africa.

D 다음 문장의 빈칸에 공통으로 들어갈 단어를 고르시오.

1 • There is a huge _____ between Korean and American cultures.
  • It is not easy to overcome the generation _____.
  ① nut　　　　② tag　　　　③ gap　　　　④ value　　　　⑤ press

2 • This is my _____ idea about the plan.
  • In _____, students think that math is a difficult subject.
  ① general　　② absolute　　③ instant　　④ proper　　⑤ rare

3 • My computer broke down, but I can't _____ a new one.
  • Sam couldn't _____ to purchase the bike that was on TV.
  ① accomplish　② admire　　③ shoot　　④ affect　　⑤ afford

4 • _____ their huge size, the Siberian Huskies don't look scary.
  • _____ the warning sign, we went into the water.
  ① Moreover　② Lately　　③ Despite　　④ Nevertheless　⑤ Frankly

5 • Customers always _____ lower prices.
  • There is a supply where there is a _____.
  ① advance　　② demand　　③ feature　　④ concern　　⑤ mess

6 • Playing with toys can help children _____ their brain.
  • The city _____ed quickly because of the new factories.
  ① bow　　　　② develop　　③ aid　　　④ aim　　　⑤ lean

7 • I _____d my parents to let me go on the trip.
  • The students were _____d to study harder by their teacher.
  ① persuade　② suppose　　③ fascinate　④ translate　⑤ struggle

8 • People gathered around the most valuable _____s.
  • The artist will _____ his new paintings in the National Museum.
  ① decline　　② insult　　③ influence　④ exhibit　　⑤ bloom

9 • The warm weather _____ed many people to the park.
  • Magnets _____ things made out of steel.
  ① adapt　　　② distract　　③ conduct　　④ request　　⑤ attract

10 • Never try to change the behavior of children by _____.
  • Elderly people usually _____ kids to follow the old rules.
  ① honor　　　② request　　③ filter　　④ force　　　⑤ signal

20

301 cell
[sel]

® 세포, (작게 구분된) 칸
- Skin **cells** are renewed about every 28 days.
  피부 세포는 대략 28일마다 새로 만들어진다.
- The honeycomb _____s are used to store honey.
  벌집의 칸들은 꿀을 저장하는 데 사용된다.

302 grocery
[gróusəri]

® 식료품 및 잡화(groceries), 식료품 잡화점(grocery store)
- We have to shop for **groceries** for Christmas today.
  우리는 오늘 크리스마스에 필요한 식료품을 사러 장을 봐야 한다.
- My sister works part time as a clerk in the _____ store.
  누나는 식료품 잡화점에서 시간제 점원으로 일한다.

303 relative
[rélətiv]

® 친척   ® 상대적인
- All the **relatives** gathered to celebrate my uncle's wedding.
  삼촌의 결혼을 축하하러 모든 친척들이 모였다.
- Happiness is _____. I'm happy with Jin, but you aren't.
  행복은 상대적이구나. 나는 Jin과 있는 게 좋은데 너는 그렇지 않네.

304 crop
[krɑp]

® (농)작물, 수확량
- Coffee in Colombia is more than just a **crop**. It is a treasure.
  콜롬비아에서 커피는 단순한 작물 이상이다. 그것은 보물이다.
- Vietnam produces two rice _____s in a year.
  베트남은 한 해에 벼를 이모작한다.

305 advantage
[ədvǽntidʒ]

® (~에게) 유리한 점, (어떤 것의) 좋은 점   advantageous ®이로운   ® benefit 이점
- High grades will give you an **advantage** in entering college.
  높은 성적은 대학에 입학하는 데 네게 유리할 것이다.
- Biofuels have many _____s over fossil fuels.
  생물연료는 화석연료에 비해 많은 이점이 있다.

306 apart
[əpáːrt]

® (시간·공간적으로) 떨어져, 따로
- My family lives **apart** because my dad works in a foreign country.
  아빠가 외국에서 일하셔서 우리 가족은 떨어져 산다.
  ✚ apart from ~: ~외에는
- _____ from the food, the trip was great.
  음식을 빼고는 그 여행은 매우 좋았다.

307 scold
[skould]

® 꾸짖다, 혼내다
  ✚ scold A for B: B라는 이유로 A를 꾸짖다
- My mom always **scolds** me for making a mess.
  엄마는 집안을 어지럽힌다는 이유로 항상 나를 꾸짖으신다.
- Sam got angry because he was _____ed for nothing.
  Sam은 아무 것도 아닌 일에 혼이 나서 화가 났다.

308 state
[steit]

® 상태, (미국 등의) 주

- Control your **state** of mind so as not to make a mistake.
  실수를 하지 않으려면 네 마음 상태를 잘 다스리도록 해.
- Alaska is the largest   in the U.S. by area.
  알래스카는 면적에 있어 미국에서 가장 큰 주이다.

---

309 comment
[kάment]

® 의견, 언급   ⑧ 의견을 말하다

- Your **comments** on my presentation will be very helpful.
  제 발표에 대한 여러분의 의견은 많은 도움이 될 것입니다.
- The principal hasn't   ed about the suggestion.
  교장 선생님은 그 제안에 대해 아무 말도 하지 않으셨다.

---

310 frown
[fraun]

⑧ 얼굴을 찡그리다

- My dad **frowned** when my older sister answered back.
  아빠는 누나가 말대꾸를 하자 눈살을 찌푸리셨다.
- Is something wrong? Why are you   ing at me?
  뭐가 잘못 됐어? 왜 나를 보며 찡그리는 거야?

---

311 recent
[rí:sənt]

⑱ 최근의   recently ⑨ 최근에

- Schools have changed a lot in **recent** years.
  학교는 최근 몇 년간 많이 변화했다.
- The   scientific discovery surprised the world.
  최근의 과학적 발견은 세상을 놀라게 했다.

---

312 unite
[ju:náit]

⑧ 힘을 합치다, 통합시키다   united ⑱ 연합된

- The Pope said we had to **unite** to fight crimes.
  교황은 범죄와 싸우기 위해서는 힘을 합쳐야 한다고 말했다.
- David   d all the tribes and became the first king.
  David는 모든 종족을 통합하고 첫 번째 왕이 되었다.

---

313 electronic
[ilektrάnik]

⑱ 전자의, 전자를 사용하는   electronics ⑲ 전자 기기

- We are living in a flood of **electronic** devices like computers.
  우리는 컴퓨터와 같은 전자 기기의 홍수 속에서 살고 있다.
-      waste, or e-waste, is becoming a big problem.
  전자 쓰레기 즉, e-waste는 커다란 문제가 되고 있다.

---

314 foundation
[faundéiʃən]

⑲ (건물의) 토대/기반, (단체 등의) 설립   found ⑧ 설립하다

- You can't build a solid building on a weak **foundation**.
  약한 기반 위에는 튼튼한 건물을 세울 수 없다.
- We have a special event on our school   day.
  우리는 개교기념일에 특별한 행사를 한다.

---

315 identify
[aidéntəfài]

⑧ (신원 등을) 확인하다

➕ be identified by ~: ~로 확인되다

- People can be **identified** by their fingerprints.
  사람들은 지문으로 식별될 수 있다.
- The guard stopped me and said, "   yourself."
  그 경비원은 나를 멈춰 세우고는 "신원을 밝히시오."라고 말했다.

316 severe
[sivíər]

(형) 매우 심각한, 혹독한

• Most North Korean people suffer from **severe** poverty.
대부분의 북한 사람들은 극심한 가난으로 고통받고 있다.

• Korean students live in a world of very _____ competition.
한국 학생들은 혹독한 경쟁 속에서 살고 있다.

317 disgust
[disgást]

(명) 역겨움 (동) 역겹게 하다   disgusted (형) 역겨움을 느끼는 disgusting (형) 역겨운

• Jin looked at the worms with a look of **disgust**.
Jin은 혐오하는 표정으로 벌레들을 쳐다보았다.

✚ be disgusted at/by/with ~ : ~에 구역질이 나다

• I felt _____ ed by the smell of sweat after P.E. class.
나는 체육 수업 후에 땀 냄새에 구역질이 났다.

318 complex
[kámpleks]

(형) (요소가 많아) 복잡한 (명) 건물 단지, 복합 건물   (유) complicated 복잡한

• I don't understand the situation. It's too **complex**.
나는 그 상황이 이해가 안돼. 너무 복잡해.

• I go swimming at a sports _____ near my house.
나는 집 근처에 있는 종합 스포츠 센터에 수영하러 간다.

319 define
[difáin]

(동) 명확히 밝히다, (단어 등의) 의미를 설명하다   definition (명) 정의

• **Define** your point of view before making a comment.
의견을 말하기 전에 네 관점을 명확히 해.

• The word love is hard to _____ .
사랑이라는 단어는 뜻을 설명하기가 어렵다.

320 require
[rikwáiər]

(동) 필요로 하다, ~하게 하다   (유) need

• This science project **requires** a lot of time and concentration.
이 과학 프로젝트는 많은 시간과 집중을 필요로 한다.

✚ be required to+동사원형 : ~해야 한다

• You are _____ d to pay the fine by tomorrow.
당신은 내일까지 벌금을 내야 합니다.

Check Up 정답 p.177

A 다음 영어단어의 우리말을 쓰시오.

1 comment _____   2 grocery _____

3 foundation _____   4 severe _____

5 electronic _____   6 unite _____

7 define _____   8 state _____

B 다음 영어단어와 비슷한 의미를 가진 것을 보기 에서 찾아 쓰시오.

1 require   → _____

2 advantage   → _____

3 complex   → _____

보기
benefit
complicated
need

C 우리말과 일치하도록 알맞은 영어단어를 써넣어 문장을 완성하시오.

1 My dad _____ed when my older sister answered back.
아빠는 누나가 말대꾸를 하자 <u>눈살을 찌푸리셨다</u>.

2 Schools have changed a lot in _____ years.
학교는 <u>최근</u> 몇 년간 많이 변화했다.

3 Skin _____s are renewed about every 28 days.
피부 <u>세포는</u> 대략 28일마다 새로 만들어진다.

4 I don't understand the situation. It's too _____.
나는 그 상황이 이해가 안돼. 너무 <u>복잡해</u>.

5 All the _____s gathered to celebrate my uncle's wedding.
삼촌의 결혼식을 축하하러 모든 <u>친척들이</u> 모였다.

6 My family lives _____ because my dad works in a foreign country.
아빠가 외국에서 일하셔서 우리 가족은 <u>떨어져</u> 산다.

7 Jin looked at the worms with a look of _____.
Jin은 <u>혐오하는</u> 표정으로 벌레들을 쳐다보았다.

8 Coffee in Colombia is more than just a _____.
콜롬비아에서 커피는 단순한 <u>작물</u> 이상이다.

9 The guard stopped me and said, " _____ yourself."
그 경비원은 나를 멈춰 세우고는 "<u>신원을 밝히시오</u>."라고 말했다.

10 Sam got angry because he was _____ed for nothing.
Sam은 아무 것도 아닌 일에 <u>혼이</u> 나서 화가 났다.

D 밑줄 친 부분을 바르게 고쳐 문장을 다시 쓰시오.

1 You <u>are required to paying</u> the fine by tomorrow.

→ _____

2 My mom always <u>scolds me at</u> making a mess.

→ _____

---

321 **cheat**
[tʃiːt]

ⓢ (이득을 취하려고) 남을 속이다, 부정행위를 하다   ㈜ deceive

• I felt **cheated** after I bought the cellphone at a high price.
나는 휴대전화를 비싼 가격으로 사고 나서 속은 느낌이 들었다.

• Using your cellphone during the test is _____ing.
시험을 보는 동안 휴대전화를 사용하는 것은 부정행위이다.

---

322 **harbor**
[háːrbər]

ⓜ 항구

• The ships were ready to leave the **harbor** at dawn.
배들은 새벽에 항구를 떠날 준비가 되어 있었다.

• There is a famous fish market near the _____.
그 항구 근처에는 유명한 수산 시장이 있다.

---

323 **rent**
[rent]

ⓜ 집세   ⓢ (집세를 내고) 빌려 쓰다, (집세를 받고) 빌려 주다

• Mr. Roy was so poor that he couldn't afford his **rent**.
Roy 씨는 너무 가난해서 집세를 낼 수 없었다.

• Now we can _____ not only a room but also a car.
이제 우리는 방뿐만 아니라 차도 빌려 쓸 수 있다.

---

324 **flavor**
[fléivər]

ⓜ 맛, 풍미

• My brother eats only his favorite **flavor** of ice cream.
형은 자신이 가장 좋아하는 맛의 아이스크림만 먹는다.

• The cook added _____ to her food with spices.
그 요리사는 양념으로 자신의 음식에 풍미를 더했다.

---

325 **agency**
[éidʒənsi]

ⓜ 대리점, 대행사

• I recommend using a travel **agency** for first-time travelers.
나는 처음 여행하는 사람들에게 여행사를 이용할 것을 추천한다.

• An ad _____ wants to hire creative people.
광고 회사는 창의적인 사람들을 고용하기를 원한다.

---

326 **sum**
[sʌm]

ⓜ 돈의 액수, 합계   ㈜ amount 액수

➕ a/the sum of ~: ~의 액수, 합

• Mr. Darcy donated a large **sum** of money to the school.
Darcy 씨는 많은 액수의 돈을 그 학교에 기부했다.

• The _____ of the three angles in a triangle is 180 degrees.
삼각형의 세 각의 합은 180도이다.

---

327 **range**
[reindʒ]

ⓜ (특정 종류에 속하는 사물들의) 다양성, 범위   ⓢ 범위가 ~이다

• A tree has a **range** of uses in our everyday lives.
나무는 우리의 일상생활에서 다양한 쓰임을 갖고 있다.

➕ range from A to B: (범위가) A에서 B에 이르다

• These computers _____ in price from $300 to $900.
이 컴퓨터들은 가격에 있어 300달러에서 900달러로 이루어져 있습니다.

---

328 regret
[rigrét]

동 후회하다, 안타깝게 생각하다　명 후회, 유감　　regretful 형 후회하는

- I **regret** to tell you that you can't join this club.
  안타깝지만 너는 이 동아리에 들 수 없어.
- Try your best, and you will have no _____s.
  최선을 다해. 그러면 너는 후회하지 않을 거야.

329 contain
[kəntéin]

동 (용기·장소·물질 안에) 포함하다, 담고 있다　　유 include

- Green tea **contains** as much caffeine as coffee.
  녹차는 커피만큼의 카페인을 함유하고 있다.
- Coke _____s huge amounts of sugar.
  콜라에는 많은 양의 설탕이 들어 있다.

330 imitate
[ímitèit]

동 따라 하다, 흉내 내다　　imitation 명 모방

- Fans try to **imitate** their stars in every way.
  팬들은 자신들의 스타를 모든 면에서 따라 하려 한다.
- Parrots _____ sounds and know when to use them.
  앵무새들은 소리를 흉내 내고 그 소리를 언제 사용해야 하는지 안다.

331 recover
[rikʌ́vər]

동 원래의 상태를 되찾다, 회복하다　　recovery 명 회복　유 get better

- My mom is **recovering** from a bad cold.
  엄마는 지독한 감기에서 회복하는 중이시다.
- My computer got a virus. How can I _____ my data?
  내 컴퓨터는 바이러스에 걸렸어. 데이터를 어떻게 복구하지?

332 version
[vɔ́:rʒən]

명 ~판/버전, (특정한 입장에서의) 설명/생각

- It was really hard to get the latest **version** of *Harry Potter*.
  '해리포터' 최신판을 구하는 것은 정말 힘들었다.
- The teacher listened to Sam's _____ of the fight.
  선생님은 그 싸움에 대해 Sam의 입장에서의 설명을 들었다.

333 embarrass
[imbǽrəs]

동 당황스럽게 만들다　　embarrassed 형 당황한　embarrassing 형 당황하게 하는

- Sam's strange questions often **embarrass** his teachers.
  Sam의 희한한 질문들은 자주 선생님들을 당황하게 한다.
- Sam _____ed me by talking about my grade in public.
  Sam은 내 성적을 공개적으로 이야기해서 나를 난처하게 만들었다.

334 appearance
[əpí(:)ərəns]

명 (사람·사물의) 겉모습, 등장　　appear 동 나타나다

- An easy way to improve your **appearance** is to wash regularly.
  외모를 개선시키는 쉬운 방법은 규칙적으로 씻는 것이다.
- The singer got more popular after his _____ on TV.
  그 가수는 텔레비전 출연 이후에 더 많은 인기를 얻었다.

335 factor
[fǽktər]

명 원인, 요인

- Stress is a major **factor** affecting mental health.
  스트레스는 정신 건강에 영향을 미치는 주된 요인이다.
- There are many _____s that influence your height.
  키에 영향을 미치는 많은 요인들이 있다.

336 sew

[sou]

sew-sewed-sewn

(동) 바느질하다, 꿰매다

- Recently, male students began learning how to **sew** at school.
  최근에 남학생들은 학교에서 바느질하는 법을 배우기 시작했다.

✚ sew A on B: A를 B에 꿰매어 달다

- My grandma   ed buttons on my shirt by hand.
  할머니는 손으로 내 셔츠에 단추들을 꿰매어 달아 주셨다.

337 efficient

[ifíʃənt]

(형) 효율적인, 유능한   efficiency (명) 효율성

- What can we do for a more **efficient** use of energy at home?
  집에서 에너지를 좀 더 효율적으로 사용하기 위해 무엇을 할 수 있을까?

- John is an   leader, so everybody trusts him.
  John은 유능한 리더라 모든 사람이 그를 신뢰한다.

338 concept

[kánsept]

(명) 개념, 생각

- "What is time?" This is a question about the **concept** of time.
  "시간이란 무엇인가?" 이것은 시간의 개념을 묻는 질문이다.

- It is hard to understand some   s like democracy.
  민주주의와 같은 몇몇 개념들은 이해하기 어렵다.

339 immediately

[imí:diətli]

(부) 즉시   immediate (형) 즉각적인 (유) at once

- Sam **immediately** raised his hand to answer the question.
  Sam은 그 질문에 대답하려고 바로 손을 들었다.

- If you spill juice on your clothes, wash it off   .
  주스를 옷에 쏟는다면 즉시 닦아내.

340 revolution

[rèvəljú:ʃən]

(명) (정치적인) 혁명, 혁신

- I'm reading a book about the French **Revolution**.
  나는 프랑스 혁명에 대한 책을 읽고 있다.

- The Internet is the beginning of an information   .
  인터넷은 정보 혁신의 시작이다.

Check Up 정답 p.177

A 다음 영어단어의 우리말을 쓰시오.

1 efficient _____	2 harbor _____
3 imitate _____	4 sew _____
5 embarrass _____	6 appearance _____
7 concept _____	8 revolution _____

B 다음 영어단어와 비슷한 의미를 가진 것을 보기 에서 찾아 쓰시오.

1 recover → _____

2 immediately → _____

3 sum → _____

보기 get better
amount
at once

C 우리말과 일치하도록 알맞은 영어단어를 써넣어 문장을 완성하시오.

1 A tree has a _____ of uses in our everyday lives.
나무는 우리의 일상생활에서 <u>다양한</u> 쓰임을 갖고 있다.

2 Now we can _____ not only a room but also a car.
이제 우리는 방뿐만 아니라 차도 <u>빌려 쓸 수 있다</u>.

3 I _____ to tell you that you can't join this club.
<u>안타깝지만</u> 너는 이 동아리에 들 수 없어.

4 My brother eats only his favorite _____ of ice cream.
형은 자신이 가장 좋아하는 <u>맛의</u> 아이스크림만 먹는다.

5 Coke _____s huge amounts of sugar.
콜라에는 많은 양의 설탕이 <u>들어 있다</u>.

6 Stress is a major _____ affecting mental health.
스트레스는 정신 건강에 영향을 미치는 주된 <u>요인이다</u>.

7 I recommend using a travel _____ for first-time travelers.
나는 처음 여행하는 사람들에게 <u>여행사를</u> 이용할 것을 추천한다.

8 It was really hard to get the latest _____ of *Harry Potter*.
'해리포터' <u>최신판을</u> 구하는 것은 정말 힘들었다.

9 Using your cellphone during the test is _____ing.
시험을 보는 동안 휴대전화를 사용하는 것은 <u>부정행위이다</u>.

10 My mom is _____ing from a bad cold.
엄마는 지독한 감기에서 <u>회복하는</u> 중이시다.

D 밑줄 친 부분을 바르게 고쳐 문장을 다시 쓰시오.

1 My grandma <u>sewed buttons with my shirt</u> by hand.

→ _____

2 These computers <u>range in price from $300 for $900</u>.

→ _____

22

---

341 **chef**
[ʃef]

⑲ 요리사
- The new French **chef** makes the best steak in town.
  그 새 프랑스인 요리사는 동네에서 최고의 스테이크를 만든다.
- The little boy grew up to be a famous _____.
  그 어린 남자아이는 자라서 유명한 요리사가 되었다.

---

342 **hire**
[haiər]

⑧ 사람을 쓰다, 고용하다
- The bank **hired** more security guards after the robbery.
  강도 사건이 있은 후 그 은행은 더 많은 경비원을 고용했다.
- The nurse was _____d to take care of my grandfather.
  그 간호사는 우리 할아버지를 돌보기 위해 고용되었다.

---

343 **root**
[ru(:)t]

⑲ (식물의) 뿌리, 근본적인 원인
- The **roots** go deeper to find water when the land is dry.
  뿌리들은 땅이 건조할 때 물을 찾아 더 깊이 들어간다.
- Stress is the _____ of all health problems.
  스트레스는 모든 건강 문제의 근원이다.

---

344 **genius**
[dʒíːnjəs]

⑲ 천재성, 천재
- The **genius** of Mozart was well known from his childhood.
  모차르트의 천재성은 어린 시절부터 잘 알려져 있었다.
- It was an honor to meet Dr. Hawking, the _____ scientist.
  천재 과학자인 호킹 박사님을 만나는 것은 영광이었다.

---

345 **amuse**
[əmjúːz]

⑧ (사람을) 즐겁게 하다, 재미있게 하다   amusement ⑲ 즐거움   ㈜ entertain
- The monkey **amused** the people by making funny faces.
  그 원숭이는 웃긴 표정을 지어 사람들을 즐겁게 했다.
- When I'm bored, I read comic books to _____ myself.
  나는 지루할 때, 심심풀이로 만화책을 읽는다.

---

346 **apply**
[əplái]

⑧ 적용하다, (회사·학교 등에) 지원하다/신청하다   application ⑲ 적용, 신청
➕ apply for ~: ~을 지원/신청하다
- Many scientific laws are **applied** to our daily life.
  많은 과학 법칙이 우리의 일상생활에 적용된다.
- I want to _____ for the free learning program.
  저는 그 무료 학습 프로그램을 신청하길 원해요.

---

347 **jealous**
[dʒéləs]

⑲ 질투하는   ㈜ envious
- **Jealous** dogs see other pets as rivals for your love.
  질투심이 많은 개들은 다른 반려동물들을 당신의 사랑에 대한 경쟁자로 본다.
➕ be jealous of ~: ~을 질투하다
- I think Mason is _____ of our friendship.
  Mason이 우리의 우정을 질투하는 거 같아.

348 rescue

[réskjuː]

(동) 구조하다, 구출하다　(명) 구조, 구출　　　　　　　　　　유 save 구하다

- The dog **rescued** his owner from the house on fire.
  그 개는 불이 난 집에서 자신의 주인을 구출했다.
- The building fell down before the _____ team arrived.
  그 건물은 구조대가 도착하기 전에 무너졌다.

349 convenient

[kənvíːnjənt]

(형) (사람에게) 편한, (이용하기에) 편리한　　　　　　convenience (명) 편의

- Can you give me a call at a time that is **convenient** for you?
  네가 편한 시간에 나에게 전화할래?
- Let's meet at the library if it is _____ for you.
  너에게 편하다면 도서관에서 보자.

350 tap

[tæp]

(동) 톡톡 치다　(명) 수도꼭지

- The girl wearing earphones **tapped** her fingers on the desk.
  이어폰을 낀 그 여자아이는 손가락으로 책상을 톡톡 쳤다.
- _____ water is as clean as bottled water.
  수돗물은 생수만큼 깨끗하다.

351 religion

[rilídʒən]

(명) 종교　　　　　　　　　　　　　　　　　religious (형) 종교의

- Many people follow a **religion** for peace of mind.
  많은 사람들은 마음의 평화를 위해 종교를 따른다.
- We learn values, such as love, from _____.
  우리는 종교에서 사랑과 같은 가치들을 배운다.

352 violent

[váiələnt]

(형) 폭력적인, 난폭한　　　　　　　　　　　violence (명) 폭력

- It is a problem that teenagers can freely watch **violent** movies.
  십대들이 폭력적인 영화를 자유롭게 볼 수 있다는 것은 문제이다.
- Boxing is a _____ sport, but it is still popular in Mexico.
  권투는 거친 스포츠이지만 멕시코에서는 여전히 인기가 있다.

353 fasten

[fǽsən]

(동) (단추·지퍼 등으로) 잠그다, 단단히 고정시키다

- **Fasten** your seatbelt first when you get in the car.
  차에 타면 먼저 안전벨트를 매세요.
- The fisherman _____ed his small boat to a stake.
  그 어부는 그의 작은 보트를 말뚝에 단단히 고정시켰다.

354 victim

[víktim]

(명) 피해자, 희생자

- The **victims** of the flood are staying in a school gym.
  홍수 피해자들은 학교 체육관에서 지내고 있다.
- Mice are among the _____s of animal testing.
  생쥐들은 동물 실험의 희생양 중 하나이다.

355 frighten

[fráitən]

(동) 겁먹게 하다　　　　　　　　　　　　frightened (형) 겁먹은

- The thunder **frightened** the horses on the farm.
  천둥은 농장에 있는 말들을 겁먹게 했다.
- The baby was _____ed by a dog and started to cry.
  아기는 개에 겁을 먹고 울기 시작했다.

356 source

[sɔːrs]

(명) 밑바탕/원천, (정보의) 출처

- The sun is the main **source** of energy for all life on Earth.
  태양은 지구에 있는 모든 생명체의 주 에너지원이다.
- No one knows the _____ of the rumor.
  아무도 그 소문의 출처를 알지 못한다.

357 eventually

[ivéntʃuəli]

(부) 결국

- After years of hard work Mr. Darcy **eventually** opened his store.
  몇 년 동안의 고된 노력 끝에 Darcy 씨는 결국 자신의 가게를 열었다.
- Don't worry. Your dream will _____ come true.
  걱정 마. 결국 네 꿈은 이뤄질 거야.

358 absorb

[əbsɔ́ːrb]

(동) (액체·가스 등을) 흡수하다, 열중하게 만들다   (유) suck up 빨아들이다

- In spring, sprouts **absorb** a lot of water and grow quickly.
  봄에 새싹들은 많은 물을 흡수하고 빨리 자란다.
  + be absorbed in ~: ~에 열중하다
- The children in the library were _____ed in reading.
  도서관에 있는 아이들은 독서에 열중했다.

359 immune

[imjúːn]

(형) 영향을 받지 않는, (병에) 면역성이 있는

  + be immune to ~: ~에 영향을 받지 않다, 면역성이 있다
- Senior people are **immune** to new trends.
  노인들은 새로운 유행에 영향을 받지 않는다.
- Although many people might look healthy, nobody is _____ to cancer.
  많은 사람들이 건강하게 보일지는 몰라도 아무도 암에 면역성이 있지는 않다.

360 species

[spíːʃiːz]

(명) (식물이나 동물의) 종

- The scientists found a new **species** of bat.
  그 과학자들은 새로운 종의 박쥐를 발견했다.
- China has set aside an area to protect rare _____ of animals.
  중국은 동물 희귀종을 보호하기 위한 지역을 마련해 두었다.

Check Up 정답 p.177

A 다음 영어단어의 우리말을 쓰시오.

1 violent _____   2 apply _____

3 absorb _____   4 genius _____

5 source _____   6 frighten _____

7 religion _____   8 immune _____

B 다음 영어단어와 비슷한 의미를 가진 것을 보기 에서 찾아 쓰시오.

1 rescue → _____

2 jealous → _____

3 amuse → _____

보기
save
entertain
envious

C 우리말과 일치하도록 알맞은 영어단어를 써넣어 문장을 완성하시오.

1 Can you give me a call at a time that is _____ for you?
네가 편한 시간에 나에게 전화할래?

2 The bank _____d more security guards after the robbery.
강도 사건이 있은 후 그 은행은 더 많은 경비원을 고용했다.

3 The _____s of the flood are staying in a school gym.
홍수 피해자들은 학교 체육관에서 지내고 있다.

4 The scientists found a new _____ of bat.
그 과학자들은 새로운 종의 박쥐를 발견했다.

5 The monkey _____d the people by making funny faces.
그 원숭이는 웃긴 표정을 지어 사람들을 즐겁게 했다.

6 The girl wearing earphones _____ped her fingers on the desk.
이어폰을 낀 그 여자아이는 손가락으로 책상을 톡톡 쳤다.

7 Don't worry. Your dream will _____ come true.
걱정 마. 결국 네 꿈은 이뤄질 거야.

8 The new French _____ makes the best steak in town.
그 새 프랑스인 요리사는 동네에서 최고의 스테이크를 만든다.

9 _____ your seatbelt first when you get in the car.
차에 타면 먼저 안전벨트를 매세요.

10 The _____s go deeper to find water when the land is dry.
뿌리들은 땅이 건조할 때 물을 찾아 더 깊이 들어간다.

D 밑줄 친 부분을 바르게 고쳐 문장을 다시 쓰시오.

1 I think Mason is jealous with our friendship.

→ _____

2 I want to apply at the free learning program.

→ _____

361 childhood
[tʃáildhùd]
(명) 어린 시절
• Mr. Darcy dreamed of being superman during his **childhood**.
  Darcy 씨는 어릴 때 슈퍼맨이 되기를 꿈꿨다.
• The old photos remind me of my _____.
  이 옛날 사진들은 나의 어린 시절을 떠올리게 한다.

362 host
[houst]
(명) (파티·행사 등의) 주최자 (동) 주최하다
• The **host** of the party was wearing a bow tie.
  파티의 주최자는 나비 넥타이를 매고 있었다.
• Paris hopes to _____ the 2024 Summer Olympics.
  파리는 2024년 하계 올림픽을 주최할 것을 희망한다.

363 fancy
[fǽnsi]
(형) 고급의, 근사한 (동) 상상하다, 좋아하다   (유) imagine 상상하다
• My family had dinner at a **fancy** restaurant for my birthday.
  우리 가족은 내 생일을 축하하려고 고급 식당에서 저녁을 먹었다.
• Sometimes I _____ myself as a celebrity.
  때때로 나는 나 자신을 유명인사로 상상하곤 한다.

364 graphic
[grǽfik]
(형) 시각적인 이미지를 이용한, 생생한   graph (명) 도표
• **Graphic** explanations are effective in a presentation.
  발표에서 시각적인 이미지를 이용한 설명은 효과적이다.
• We were shocked at the _____ photos of war victims.
  우리는 전쟁 희생자의 생생한 사진들에 충격을 받았다.

365 length
[leŋkθ]
(명) 길이   long (형) 긴
• The Diamond Bridge in Busan is 7,420 meters in **length**.
  부산에 있는 다이아몬드 다리가 7,420 미터이다.
• I wonder how people measure the _____ of a river.
  나는 사람들이 어떻게 강의 길이를 재는지 궁금하다.

366 truth
[tru:θ]
(명) 진실, 사실   true (형) 진실인
• NASA will soon reveal the **truth** about the aliens.
  NASA는 곧 외계인에 대한 진실을 밝힐 것이다.
➕ to tell the truth: 솔직히 말해서
• To tell the _____, I hate it when you laugh at me.
  솔직히 말하자면, 난 네가 나를 비웃을 때 싫어.

367 bind
[baind]
bind-bound-bound
(동) 묶다, 둘러 감다   (유) tie
➕ bind A to B: A를 B에 묶다
• When the detective found the boy, he was **bound** to a table.
  형사가 그 남자아이를 발견했을 때 그 아이는 탁자에 묶여 있었다.
• The man had to _____ his bleeding head with a bandage.
  그 남자는 피가 흐르는 자신의 머리를 붕대로 감싸야 했다.

368 article
[ɑ́ːrtikl]

(명) (신문·잡지의) 기사, (계약서 등의) 조항

- I'm writing an **article** for the school newspaper.
  나는 학교 신문에 실을 기사 한 편을 쓰고 있다.
- Read　　　　two about your basic rights as a citizen.
  시민으로서 누릴 기본 권리에 대한 제 2조를 읽으세요.

369 crack
[kræk]

(동) 금이 가다, 갈라지다　(명) (갈라져 생긴) 금, 틈

- When we made a hole for ice fishing, the ice began to **crack**.
  우리가 얼음 낚시를 하려고 구멍을 뚫자, 얼음에 금이 가기 시작했다.
- The　　　　s in the floor will be repaired soon.
  바닥에 있는 균열은 곧 수리될 것이다.

370 laboratory
[lǽbrətɔ̀ːri]

(명) 실험실, 실습실

- Scientists often spend nights working in a **laboratory**.
  과학자들은 종종 며칠 밤을 실험실에서 일하며 보낸다.
- My school is proud of its new science　　　　.
  우리 학교는 새 과학 실습실이 자랑이다.

371 tax
[tæks]

(명) 세금　(동) 세금을 부과하다

- A part of the **tax** that we pay is used for our benefit.
  우리가 내는 세금의 일부는 우리의 이익을 위해 사용된다.
- Luxury goods are heavily　　　　ed.
  사치품에는 높은 세금이 부과된다.

372 whistle
[hwísl]

(명) 호루라기, 휘파람　(동) 휘파람을 불다

- The players did their best until the referee blew the **whistle**.
  선수들은 심판이 호루라기를 불 때까지 최선을 다했다.
- Don't　　　　at night. A ghost might visit you.
  밤에는 휘파람을 불지 마. 귀신이 찾아올지도 몰라.

373 informal
[infɔ́ːrməl]

(형) 격식에 얽매이지 않는, 평상시에 입는　　　(반) formal 공식적인　(유) casual

- The celebrity had an **informal** dinner party for his friends.
  그 유명 연예인은 친구들을 위해 격식 없는 만찬을 열었다.
- We are allowed to wear　　　　clothes for the field trip.
  우리는 현장체험학습에 갈 때 평상복을 입을 수 있다.

374 weird
[wiərd]

(형) 괴상한, 이상한　　　(유) strange

- I felt **weird** when I passed by the grave last night.
  나는 어젯밤에 그 무덤을 지나쳤을 때 이상한 느낌이 들었다.
- Great inventors have many　　　　ideas.
  위대한 발명가들은 많은 기이한 생각들을 한다.

375 squeeze
[skwiːz]

(동) (손으로) 세게 쥐다, 꽉 쥐어 짜다

- Please, don't **squeeze** the toothpaste from the middle!
  제발 치약을 중간에서부터 짜지 좀 마!
- 　　　　the lemon on top of the salad.
  샐러드 위에 레몬을 짜세요.

376 grateful
[gréitfəl]

(형) 고마워하는   (유) thankful

+ be grateful for/that ~: ~에 대해 감사하다

• I'm so **grateful** for the chance to work with you.
당신과 함께 일할 기회를 주셔서 매우 고맙습니다.

• The parents are _____ that their baby is healthy.
그 부모는 자신들의 아기가 건강하다는 것에 대해 감사한다.

---

377 exhausted
[igzɔ́:stid]

(형) 기진맥진한, 극도로 피곤한   exhaust (동) 지치게 만들다

• The **exhausted** marathon runners lay down on the ground.
기진맥진한 마라톤 주자들은 땅바닥에 드러누웠다.

• The students looked _____ after the final exam.
학생들은 기말고사를 치르고 난 후 매우 지쳐 보였다.

---

378 artificial
[à:rtəfíʃəl]

(형) 사람이 만들어 낸, 인공의   (반) natural 자연적인

• The man is wearing an **artificial** leg after the car accident.
자동차 사고 이후 그 남자는 의족을 착용하고 있다.

• Today, many devices use _____ intelligence.
오늘날 많은 기기들은 인공지능을 사용한다.

---

379 employ
[implɔ́i]

(동) 고용하다   employer (명) 사장, 고용주

• The company will **employ** more people this year.
그 회사는 올해 더 많은 인원을 채용할 것이다.

• I was _____ed because of my English ability.
나는 영어 실력 때문에 고용되었다.

---

380 policy
[pálisi]

(명) 정책, 방침

• The school adopted a new **policy** on anti-bullying.
그 학교는 따돌림 방지에 대한 새로운 방침을 정했다.

• The store never gives refunds. It is their _____.
그 가게는 절대로 환불해주지 않는다. 그것이 그들의 방침이다.

Check Up   정답 p.178

A 다음 영어단어의 우리말을 쓰시오.

1 exhausted		2 childhood	
3 policy		4 squeeze	
5 laboratory		6 whistle	
7 crack		8 artificial	

B 다음 영어단어와 비슷한 의미를 가진 것을 보기 에서 찾아 쓰시오.

1 grateful   →   _____

2 weird   →   _____

3 bind   →   _____

보기
tie
strange
thankful

C 우리말과 일치하도록 알맞은 영어단어를 써넣어 문장을 완성하시오.

1 The _____ of the party was wearing a bow tie.
파티의 주최자는 나비 넥타이를 매고 있었다.

2 My family had dinner at a _____ restaurant for my birthday.
우리 가족은 내 생일을 축하하려고 고급 식당에서 저녁을 먹었다.

3 _____ explanations are effective in a presentation.
발표에서 시각적인 이미지를 이용한 설명은 효과적이다.

4 A part of the _____ that we pay is used for our benefit.
우리가 내는 세금의 일부는 우리의 이익을 위해 사용된다.

5 We are allowed to wear _____ clothes for the field trip.
우리는 현장체험학습에 갈 때 평상복을 입을 수 있다.

6 I was _____ed because of my English ability.
나는 영어 실력 때문에 고용되었다.

7 I'm writing an _____ for the school newspaper.
나는 학교 신문에 실을 기사 한 편을 쓰고 있다.

8 The parents are _____ that their baby is healthy.
그 부모는 자신들의 아기가 건강하다는 것에 대해 감사한다.

9 The Diamond Bridge in Busan is 7,420 meters in _____.
부산에 있는 다이아몬드 다리는 길이가 7,420 미터이다.

10 NASA will soon reveal the _____ about the aliens.
NASA는 곧 외계인에 대한 진실을 밝힐 것이다.

D 밑줄 친 부분을 바르게 고쳐 문장을 다시 쓰시오.

1 For tell the truth, I hate it when you laugh at me.

→ _____

2 I'm so grateful about the chance to work with you.

→ _____

381 chip
[tʃip]

명 (물건에서 떨어져 나간) 부스러기/조각, (컵 등의) 이 빠진 자국

• The chef uses wood **chips** when smoking fish.
그 요리사는 생선을 훈제할 때 나뭇조각을 사용한다.

• I threw the cup away because of a _____ in it.
나는 컵에 이가 빠져 그 컵을 버렸다.

382 ideal
[aidí(ː)əl]

형 가장 좋은, 이상적인   명 이상

✚ ideal for ~: ~에 이상적인

• Bali has the **ideal** conditions for water sports.
발리 섬은 수상 스포츠를 즐기기에 이상적인 조건을 가지고 있다.

• The writer talked about his _____s in his new book.
그 작가는 새 책에서 그의 이상에 대해 얘기했다.

383 rush
[rʌʃ]

동 급히 움직이다, 서두르다

• Sam **rushed** into the classroom just before the bell rang.
Sam은 종이 울리기 직전에 교실로 급히 들어왔다.

• The waves _____ed to the shore.
파도가 해변으로 돌진했다.

384 laundry
[lɔ́ːndri]

명 세탁물, 세탁소

✚ do the laundry: 세탁하다

• I do the **laundry** myself because I stay in the dormitory.
나는 기숙사에 있기 때문에 직접 빨래를 한다.

• You should send this silk dress to the _____.
이 실크 드레스는 세탁소로 보내야 돼.

385 audience
[ɔ́ːdiəns]

명 관객, 관중

• All the **audience** clapped until the actors left the stage.
모든 관객들은 배우들이 무대를 떠날 때까지 박수를 쳤다.

• The singer prepared a special show for her _____.
그 가수는 관객들을 위해 특별한 쇼를 준비했다.

386 attempt
[ətémpt]

명 (힘든 일에 대한) 시도   동 시도하다   유 try

✚ attempt to+동사원형: ~하는 것을 시도하다

• To be thinner, the girl made a silly **attempt** to stop eating.
더 날씬해지려고 그 여자아이는 먹지 않는 어리석은 시도를 했다.

• The man saw the train leaving and _____ed to jump onto it.
그 남자는 기차가 출발하는 것을 보고는 기차로 뛰어오르려고 했다.

387 wipe
[waip]

동 (먼지·물기 등을) 닦아내다

• The waiter is **wiping** the cups with a dry cloth.
종업원이 마른 행주로 컵들을 닦고 있다.

• The girl _____d her tears away with a handkerchief.
그 여자아이는 손수건으로 눈물을 닦아냈다.

388 **secretary**
[sékrətèri]

명 비서, 장관

• The mayor told his **secretary** to change his schedule.
시장은 비서에게 일정을 바꾸라고 말했다.

• The U.S. Education _____ envied our educational system.
미국 교육부 장관은 우리의 교육 제도를 부러워했다.

---

389 **crisis**
[kráisəs]
pl. crises

명 위기, 고비

• Good friends try to overcome **crises** together.
좋은 친구들은 위기 상황들을 함께 극복하려 한다.

➕ in a crisis: 위기에 처한

• We will be in a _____ soon if we keep wasting energy.
우리가 계속 에너지를 낭비한다면 곧 위기에 처할 것이다.

---

390 **lap**
[læp]

명 (앉았을 때) 허리에서 무릎까지의 앞부분, (경주에서) 한 바퀴

• My dog likes to take a nap on my **lap**.
나의 개는 내 무릎 위에서 낮잠 자는 것을 좋아한다.

• Sam was sure to win, but he lost on the last _____.
Sam은 이길 거라 확신했지만 마지막 바퀴에서 졌다.

---

391 **risk**
[risk]

명 위험 동 위태롭게 하다, 위험에 빠트리다

유 danger 위험

• Do you think skydiving is worth the risk?
스카이다이빙이 위험을 감수하고 할 만한 것이라고 생각하나요?

• Tom _____ ed his life for his friend.
Tom은 친구를 위해 자신의 목숨을 걸었다.

---

392 **import**
[ímpɔːrt]

명 수입 동 수입하다 [impɔ́ːrt]

반 export 수출, 수출하다

• Our exports depend on the **import** of energy materials.
우리의 수출은 에너지 원료의 수입에 의존한다.

• Most of the mangoes are _____ ed from the Philippines.
대부분의 망고는 필리핀에서 수입된다.

---

393 **intend**
[inténd]

동 ~하려고 생각하다, 의도하다

intention 명 의도

➕ intend to+동사원형: ~할 생각이나 계획을 가지다

• What do you **intend** to do after you graduate? 너는 졸업하면 무엇을 할 생각이니?

• The Nobel Prizes are _____ ed to reward pure research.
노벨상은 순수 연구에 보답하려는 의도를 지니고 있다.

---

394 **gradually**
[grǽdʒəwəli]

부 서서히, 차츰차츰

• While I was walking home, it **gradually** got darker.
집으로 걸어가는 동안 날이 서서히 어두워졌다.

• As you exercise regularly, you will _____ become healthier.
너는 규칙적으로 운동을 하니까 점차 더 건강해질 거야.

---

395 **incredible**
[inkrédəbl]

형 (믿기 어려울 만큼) 굉장한, 놀라운

유 amazing

• The pianist showed his **incredible** talent in the concert.
그 피아노 연주자는 콘서트에서 자신의 놀라운 재능을 보여주었다.

• An _____ amount of rain poured down in an hour.
엄청난 양의 비가 한 시간 동안 쏟아져 내렸다.

396 suspect
[səspékt]

(동) (안 좋은 일을) 짐작하다, 알아채다   (명) 용의자 [sʌ́spekt]

• We **suspect** that Sam lost the game on purpose.
우리는 Sam이 일부러 게임에서 졌다고 의심하고 있다.

• The _____ was arrested near his house.
그 용의자는 자신의 집 근처에서 체포되었다.

---

397 assign
[əsáin]

(동) (일·책임 등을) 맡기다, 부여하다   assignment (명) 과제, 임무

➕ assign A to B: A를 B에게 부여하다

• The teacher **assigned** a different project to each student.
그 교사는 학생마다 다른 프로젝트를 부여했다.

➕ assign A to+동사원형: A에게 ~하는 것을 맡기다

• Sam was _____ed to guide the parents to the gym.
Sam은 부모님들을 체육관으로 안내하는 일을 맡게 되었다.

---

398 associate
[əsóuʃieit]

(동) 관련 지어 생각하다   (명) (사업·직장) 동료 [əsóuʃiət]   (유) connect 관련짓다

➕ be associated with: ~와 연관되다

• The color red is **associated** with passion.
빨간색은 열정과 연관된다.

• My dad spends a lot of time with his _____s.
아빠는 회사 동료들과 많은 시간을 보내신다.

---

399 expose
[ikspóuz]

(동) (가려져 있던 것을) 드러내다, (해를 끼칠 수 있는 것에) 노출시키다   exposure (명) 노출

• **Exposing** your skin to the sun produces vitamin D.
피부를 태양에 노출시킴으로써 비타민 D를 생성할 수 있다.

• It can be dangerous to _____ too much on social media.
소셜 미디어에 자신을 너무 많이 드러내는 것은 위험할 수 있다.

---

400 potential
[pəténʃəl]

(형) (~이 될) 가능성이 있는   (명) 가능성, 잠재된 능력

• Cosmetic companies think teenagers are **potential** customers.
화장품 회사들은 십대들이 미래의 고객이 될 거라고 생각한다.

• Students are trying to discover their _____.
학생들은 자신의 잠재력을 발견하려고 노력하고 있다.

Check Up 정답 p.178

🅐 다음 영어단어의 우리말을 쓰시오.

1 assign _____   2 expose _____

3 import _____   4 audience _____

5 secretary _____   6 gradually _____

7 associate _____   8 crisis _____

B 다음 영어단어와 비슷한 의미를 가진 것을 보기 에서 찾아 쓰시오.

1 attempt   →   _____

2 incredible   →   _____

3 risk   →   _____

보기   **amazing**
     try
     danger

C 우리말과 일치하도록 알맞은 영어단어를 써넣어 문장을 완성하시오.

1 The pianist showed his _____ talent in the concert.
그 피아노 연주자는 콘서트에서 자신의 <u>놀라운</u> 재능을 보여주었다.

2 The chef uses wood _____s when smoking fish.
그 요리사는 생선을 훈제할 때 나무 <u>부스러기를</u> 사용한다.

3 What do you _____ to do after you graduate?
너는 졸업하면 무엇을 할 <u>생각이니</u>?

4 Bali has the _____ conditions for water sports.
발리 섬은 수상 스포츠를 즐기기에 <u>이상적인</u> 조건을 가지고 있다.

5 The girl _____d her tears away with a handkerchief.
그 여자아이는 손수건으로 눈물을 <u>닦아냈다</u>.

6 Sam _____ed into the classroom just before the bell rang.
Sam은 종이 울리기 직전에 교실로 <u>급히 들어왔다</u>.

7 We _____ that Sam lost the game on purpose.
우리는 Sam이 일부러 게임에서 졌다고 <u>의심하고 있다</u>.

8 You should send this silk dress to the _____.
이 실크 드레스는 <u>세탁소로</u> 보내야 돼.

9 Students are trying to discover their _____.
학생들은 자신의 <u>잠재력을</u> 발견하려고 노력하고 있다.

10 My dog likes to take a nap on my _____.
나의 개는 내 <u>무릎</u> 위에서 낮잠 자는 것을 좋아한다.

D 밑줄 친 부분을 바르게 고쳐 문장을 다시 쓰시오.

1 The man saw the train leaving and <u>attempted to jumping</u> onto it.

→ _____

2 The teacher <u>assigned a different project from each student</u>.

→ _____

A 영어단어를 듣고 빈칸에 쓰시오. 그 다음, 해당 단어의 우리말을 쓰시오. 🎧25

1 _____ ➡ .... 2 _____ ➡ ....

3 _____ ➡ .... 4 _____ ➡ ....

5 _____ ➡ .... 6 _____ ➡ ....

7 _____ ➡ .... 8 _____ ➡ ....

9 _____ ➡ .... 10 _____ ➡ ....

11 _____ ➡ .... 12 _____ ➡ ....

13 _____ ➡ .... 14 _____ ➡ ....

15 _____ ➡ .... 16 _____ ➡ ....

B 다음 영어문장이 우리말과 일치하면 O, 그렇지 않으면 X를 쓰시오.

1 We have a special event on our school harbor day.
우리는 개교기념일에 특별한 행사를 한다. (   )

2 Let's meet at the library if it is relative for you.
너에게 편하다면 도서관에서 보자. (   )

3 My sister works part time as a clerk in a grocery store.
누나는 식료품 잡화점에서 시간제 점원으로 일한다. (   )

4 My mom is recovering from a bad cold.
엄마는 지독한 감기에서 회복하는 중이시다. (   )

5 The old photos remind me of my childhood
이 옛날 사진들은 나의 어린 시절을 떠올리게 한다. (   )

6 As you exercise regularly, you will gradually become healthier.
너는 규칙적으로 운동을 하니까 점차 더 건강해질 거야. (   )

7 Is something wrong? Why are you frowning at me?
뭐가 잘못 됐어? 왜 나를 보며 찡그리는 거야? (   )

8 There are many flavors that influence your height.
키에 영향을 미치는 많은 요인들이 있다. (   )

9 Don't worry. Your dream will immediately come true.
걱정 마. 결국 네 꿈은 이뤄질 거야. (   )

10 Mice are among the victims of animal testing.
생쥐들은 동물 실험의 희생양 중 하나이다. (   )

C 다음 문장의 빈칸에 들어갈 알맞은 단어를 고르시오.

1 I'm so _____ for the chance to work with you.
   ① electronic   ② grateful   ③ severe   ④ efficient   ⑤ relative

2 The little boy grew up to be a famous _____.
   ① tap   ② chef   ③ victim   ④ species   ⑤ rescue

3 In spring, sprouts _____ a lot of water and grow quickly.
   ① scold   ② cheat   ③ embarrass   ④ absorb   ⑤ hire

4 I felt _____ by the smell of the sweat after P.E. class.
   ① imitated   ② disgusted   ③ required   ④ regretted   ⑤ contained

5 I wonder how people measure the _____ of a river.
   ① root   ② laboratory   ③ ideal   ④ article   ⑤ length

6 Now we can _____ not only a room but also a car.
   ① define   ② crack   ③ squeeze   ④ rent   ⑤ rush

7 I do the _____ myself because I stay in the dormitory.
   ① appearance   ② genius   ③ laundry   ④ crop   ⑤ chip

8 People can be _____ by their fingerprints.
   ① identified   ② commented   ③ recovered   ④ employed   ⑤ regretted

9 Cosmetic companies think teenagers are _____ customers.
   ① recent   ② jealous   ③ complex   ④ violent   ⑤ potential

10 The Internet is the beginning of an information _____.
   ① revolution   ② cell   ③ agency   ④ version   ⑤ secretary

11 The _____ of the three angles in a triangle is 180 degrees.
   ① concept   ② root   ③ childhood   ④ lap   ⑤ sum

12 The store never gives refunds. It is their _____.
   ① policy   ② host   ③ import   ④ tax   ⑤ crisis

13 _____ waste, or e-waste, is becoming a big problem.
   ① Complex   ② Truth   ③ Electronic   ④ Weird   ⑤ Efficient

14 The girl _____ her tears away with a handkerchief.
   ① ranged   ② whistled   ③ intended   ④ wiped   ⑤ assigned

15 Many scientific laws are _____ to our daily life.
   ① united   ② frightened   ③ applied   ④ sewed   ⑤ fastened

D 다음 영어 설명에 해당하는 단어를 보기 에서 찾아 쓰시오.

보기	relative	unite	rent	ideal	regret
	genius	rescue	tax	host	import

1 an amount of money you pay for using a house, room, etc. → _____

2 a person who shows much better ability or skill than others → _____

3 to feel sorry for what happened → _____

4 a person who has a party, dinner, etc. for guests → _____

5 a person related by blood or marriage → _____

6 to save people or things in danger → _____

7 an idea or standard that seems like the best type → _____

8 to join together to work for the same goal → _____

9 to buy and bring in something from other countries → _____

10 an amount of money that you pay to the government → _____

E 다음 문장에 들어갈 알맞은 품사의 단어를 고르시오.

1 Studying together has many 몡[advantages / advantageous] over studying alone.

2 Find an 혱[efficiency / efficient] way to finish your work early.

3 Listen to your doctor, and you will 동[recovery / recover] soon.

4 Don't judge people by their 몡[appear / appearance].

5 Sam, come to the teachers' office 부[immediate / immediately].

6 To tell the 몡[true / truth], I forgot our appointment.

7 The 혱[recent / recently] news about the accident shocked the world.

8 This technology can easily be 동[applied / application] to everyday life.

9 You look 혱[exhausted / exhaust]. What did you do?

10 If you work hard, everything will get better 부[gradually / gradual].

F 밑줄 친 부분과 의미가 비슷한 단어나 표현을 [보기] 에서 찾아 쓰시오.

보기	deceived	envious	tie	saved	amount
	benefits	thankful	entertains	suck up	amazing

1 There are many <u>advantages</u> to learning English. → _____

2 The cleaner will <u>absorb</u> everything, including fine dust. → _____

3 My dog <u>amuses</u> me every day by making cute gestures. → _____

4 <u>Bind</u> your bike tightly to the post. → _____

5 The Alps have <u>incredible</u> natural beauty. → _____

6 After I was <u>cheated</u> by a close friend, I don't trust anyone. → _____

7 I'm so <u>grateful</u> for your helpful advice. → _____

8 Finally, the firefighter <u>rescued</u> the boy from the fire. → _____

9 We were surprised to see the large <u>sum</u> donated by one man. → _____

10 My sister is <u>jealous</u> of me when Mom hugs me. → _____

G 밑줄 친 부분이 어법에 맞으면 O, 그렇지 않으면 X를 쓰시오.

1 I <u>was disgust by the smell</u> of the public restroom. (   )

2 I need some money so I'll <u>apply about the part-time job.</u> (   )

3 The suspect <u>attempted to escaping</u> from the police station. (   )

4 The field trip was great <u>apart from the weather.</u> (   )

5 My family <u>was absorbed in</u> the soccer game on TV. (   )

6 These days, pet dogs can <u>be identified by a chip</u> in their body. (   )

7 My classmates <u>are jealous to Sam</u> because he is a perfect student. (   )

8 This program <u>is intended to develop</u> the talents in students. (   )

9 Every applicant <u>is required to filling up</u> this form in advance. (   )

10 The moon is <u>usually associated with</u> the goddess of beauty, Venus. (   )

109

A 영어단어는 우리말로, 우리말은 영어단어로 바꿔 쓰시오.

1 root	➡	26 즉시	➡
2 plenty	➡	27 오두막집	➡
3 submarine	➡	28 명령	➡
4 internal	➡	29 엄격한	➡
5 actual	➡	30 금이 가다	➡
6 cattle	➡	31 임명하다	➡
7 concept	➡	32 그럼에도 불구하고	➡
8 ceiling	➡	33 반응을 보이다	➡
9 tribe	➡	34 요청	➡
10 finance	➡	35 여과 장치	➡
11 species	➡	36 작동시키다	➡
12 agency	➡	37 신중히 생각하다	➡
13 fountain	➡	38 한숨을 쉬다	➡
14 crop	➡	39 용어	➡
15 ancient	➡	40 매끄러운	➡
16 grateful	➡	41 주최자	➡
17 annoyed	➡	42 자주 일어나는	➡
18 external	➡	43 당황스럽게 만들다	➡
19 biology	➡	44 자랑스러움	➡
20 religion	➡	45 연료	➡
21 victim	➡	46 집중하다	➡
22 government	➡	47 부딪치다	➡
23 struggle	➡	48 융통성 있는	➡
24 labor	➡	49 단단히 고정시키다	➡
25 priority	➡	50 분석	➡

B 우리말과 일치하도록 알맞은 영어단어를 써넣어 문장을 완성하시오.

1 _____ the button on your left to open the door. 문을 열려면 왼쪽에 있는 버튼을 누르세요.

2 Would you _____ the chocolates one by one? 초콜릿을 하나씩 포장해 주시겠어요?

3 I think that becoming a doctor is my _____. 의사가 되는 것이 내 운명이라 생각한다.

4 Warning _____s should be made easy to see. 경고 신호는 잘 보이게 만들어져야 한다.

5 I believe the Seoul subway _____ is the best. 나는 서울 지하철 체계가 최고라 생각해.

6 I want to transfer to a school in a _____ area. 나는 시골 지역에 있는 학교로 전학 가고 싶어.

7 I _____ if Jin will keep her promise this time. 나는 이번에는 Jin이 약속을 지킬지 의심스럽다.

8 Make sure to get a _____ for your purchase. 네가 구입한 것에 대한 영수증을 꼭 받아.

9 Outgoing people _____ to be talkative. 외향적인 사람들은 말이 많은 경향이 있다.

10 I _____ what I said to you the other day. 나는 얼마 전에 네게 했던 말을 후회해.

11 The _____ was more serious than I thought. 그 피해는 내가 생각했던 것 보다 더 심각했다.

12 Sam saves almost half of his _____. Sam은 자신의 수입 중 거의 절반을 저축한다.

13 Online shopping is _____ and easy. 온라인 쇼핑은 편리하고 쉽다.

14 Canada is rich in natural _____s. 캐나다는 천연 자원이 풍부하다.

15 Can you explain your claim in _____? 네 주장을 자세히 설명할 수 있겠니?

16 The suspect told the _____ to the detective. 그 용의자는 형사에게 진실을 말했다.

17 Don't give up; _____ your dream to the end. 포기하지 말고 네 꿈을 끝까지 좇아.

18 The police have a _____ in the terror attack. 경찰은 그 테러 공격에 대한 용의자를 한 명 갖고 있다.

19 I saw _____ in Carly's eyes. Carly의 눈에서 두려움이 보였다.

20 John _____s that he is a friend of the singer. John은 자신이 그 가수의 친구라고 주장한다.

21 Living in an urban area has many _____s. 도시 지역에서 사는 것은 많은 이점이 있다.

22 The model _____d to eat pizza. 그 모델은 피자 먹기를 거절했다.

23 John spoke with _____ about his success. John은 자신의 성공에 대해 자랑스럽게 말했다.

24 All children _____ protection and care. 모든 아이들은 보호와 돌봄을 받을 가치가 있다.

25 _____, I feel tired easily and sleepy all day. 최근에 나는 쉽게 피곤하고 하루 종일 졸려.

C 다음 문장에 들어갈 알맞은 단어를 고르시오.

1 The woman [rub / burst / exhibit] into tears when she was fired.

2 We have to shop for [rate / labor / groceries] for Christmas today.

3 The main [feature / astronaut / signal] of the festival is the one-hour firework show.

4 My [priority / garage / charity] has enough space for two cars.

5 Sam has many friends because he is an [awkward / outgoing / annoyed] person.

6 The farmer put up a scarecrow to protect his [rail / grain / cattle] from birds.

7 Be careful when you wash the [delicate / instant / proper] glasses.

8 The Diamond Bridge in Busan is 7,420 meters in [emergency / submarine / length].

9 The [poison / fate / trial] version is free, but it only runs for 30 days.

10 I'm [positive / rapid / internal] that our team won't let us down.

11 This table is good for a small space because it can [sigh / twist / extend] easily.

12 I felt dizzy when I looked down at the deep [quarter / valley / claim].

13 Using your cellphone during the test is [cheating / rough / transporting].

14 The old lady put up a [tribe / wire / conduct] fence around her garden.

15 My dad [hardly / lately / likewise] ever shows his feelings.

16 The boy [neglected / featured / encountered] his job to look after his baby sister.

17 Having no rest for a week, Sam's [annual / accurate / upper] lip cracked.

18 The ROK is short for the [Republic / Symphony / Command] of Korea.

19 I think Mason is [solar / jealous / frequent] of our friendship.

20 Ginger root and sugar [prove / struggle / combine] to make a healthy drink.

21 When I arrived in Paris, the [chemical / strict / entire] world looked new.

22 The food here is excellent in quality and [quantity / trap / anxiety].

23 Most of the mangoes are [imported / boosted / regretted] from the Philippines.

24 Sam was excited to get an autograph from a famous [gender / profit / celebrity].

25 The parents can't [activate / afford / admit] to take care of their sick child.

D 다음 문장의 빈칸에 공통으로 들어갈 단어를 고르시오.

1 • The library is open 24 hours a day by _____ of the students.
  • With no rain for months, the village will _____ some extra water supply.
  ① update　　② request　　③ blend　　④ damage　　⑤ comment

2 • The new sports _____ is clean and convenient to use.
  • The gym is the newest _____ in my school.
  ① state　　② foundation　　③ agency　　④ concept　　⑤ facility

3 • Today, it is not _____ to see fast food ads on the street.
  • Mr. Kim collects stamps, and has some _____ ones from long ago.
  ① upper　　② internal　　③ brilliant　　④ rare　　⑤ rapid

4 • Schools have changed a lot in _____ years.
  • I read about the accident in a _____ newspaper.
  ① recent　　② annual　　③ content　　④ flexible　　⑤ smooth

5 • The boxes in the attic were covered with _____.
  • We wiped the _____ off the window during the cleaning time.
  ① characteristic　　② republic　　③ dust　　④ analysis　　⑤ despair

6 • As the divorce _____ increases, more children are neglected.
  • The number of pets is increasing at a rapid _____.
  ① unit　　② entry　　③ bow　　④ term　　⑤ rate

7 • The members can enjoy the service at no _____ charge.
  • Sam started a part-time job to make _____ money.
  ① extra　　② frequent　　③ private　　④ terrific　　⑤ delicate

8 • John's _____ advice is always helpful.
  • You should be _____ when you make a study plan.
  ① violent　　② graphic　　③ rural　　④ realistic　　⑤ complex

9 • What can we do for a more _____ use of energy at home?
  • Internet surfing is an _____ way to collect useful information.
  ① electronic　　② informal　　③ efficient　　④ ancient　　⑤ external

10 • Someday we will be able to send _____ to Mars.
   • _____ do many experiments in space.
   ① taxes　　② astronauts　　③ articles　　④ policies　　⑤ attempts

401 clay
[klei]

(명) 점토, 찰흙

- **Clay** is the main material used to make pottery.
  점토는 도자기를 만드는 데 쓰이는 주재료이다.
- My three-year-old son likes to play with _____.
  세 살인 나의 아들은 찰흙을 가지고 노는 것을 좋아한다.

---

402 insert
[insə́:rt]

(동) 끼워 넣다, 삽입하다

- The door opened when I **inserted** the golden key in the lock.
  내가 그 황금 열쇠를 자물쇠에 끼우자 문이 열렸다.
- _____ a sim card into your cellphone to make it work.
  휴대전화가 작동하도록 하려면 심 카드를 끼우세요.

---

403 sail
[seil]

(동) 항해하다 (명) (배의) 돛, 항해

sailor (명) 선원

- The ship **sailed** for two days to get to Japan.
  그 배는 일본에 도착하기까지 이틀간 항해했다.
- The sailors put up the _____s to catch the wind.
  선원들은 바람을 잡으려고 돛을 올렸다.

---

404 miner
[máinər]

(명) 광부

mine (명) 광산

- The **miner** discovered a gold mine and became rich.
  그 광부는 금광을 발견하고 부자가 되었다.
- The _____s trapped in the mine are waiting to be rescued.
  광산에 갇힌 광부들이 구조되기를 기다리고 있다.

---

405 awesome
[ɔ́:səm]

(형) 아주 멋진, 굉장한

(유) fantastic

- Mom, you look **awesome** today! Do you have a date with Dad?
  엄마, 오늘 멋지세요! 아빠랑 데이트 하시나요?
- The tourists were amazed at the _____ beauty of the waterfall.
  관광객들은 그 폭포의 굉장한 아름다움에 감탄했다.

---

406 attach
[ətǽtʃ]

(동) 부착하다/연결하다, (이메일 등에) 첨부하다 attachment (명) 첨부 (반) detach 떼어내다

➕ attach A to B: A를 B에 부착하다

- The scientists **attached** new arms to the robot.
  과학자들은 로봇에 새 팔을 붙였다.
- Will you _____ the party photos to your email?
  파티 사진을 네 이메일에 첨부할 거니?

---

407 brief
[bri:f]

(형) 잠시 동안의, (말·글이) 간결한

briefly (부) 간단히

- Each of us had a **brief** conversation with the counselor.
  우리는 개별적으로 상담 선생님과 짧은 대화를 했다.
- Your presentation should be _____ and clear.
  여러분의 발표는 간결하고 명확해야 합니다.

408 senior
[síːnjər]

형 연장자의, (직급 등이) 고위의, 마지막 학년의　　　　반 junior 나이 어린, 후배의

- Poor **senior** citizens should be taken care of by society.
  가난한 노인들은 사회로부터 돌봄을 받아야 한다.
- Sam sometimes misses his　　　　　　year of high school.
  Sam은 때때로 고등학교 3학년이던 시절을 그리워한다.

---

409 custom
[kʌ́stəm]

명 풍습, 관습　　　　유 tradition

- The **custom** of bowing on New Year's Day is disappearing.
  새해에 절하는 풍습은 사라지고 있다.
- We have accepted many new　　　　　　s from other countries.
  우리는 다른 나라로부터 많은 새로운 관습들을 받아들였다.

---

410 layer
[léiər]

명 (표면 위·사이의) 막, 층, 겹

- There is a thin **layer** of oil on the surface of the river.
  강의 수면 위에 얇은 기름층이 있다.
- Wear three or four　　　　　　s of clothes to keep warm.
  따뜻하도록 서너 겹의 옷을 입어.

---

411 roast
[roust]

동 (오븐·불로) 굽다, (땅콩 등을) 볶다

- Ms. Darcy **roasted** a huge turkey for Thanksgiving Day.
  Darcy 씨는 추수 감사절용으로 매우 큰 칠면조를 구웠다.
- 　　　　　　the peanuts for 30 minutes and then cool them.
  30분 동안 땅콩을 볶은 다음 식히세요.

---

412 phrase
[freiz]

명 구, 구절　　동 (말·글로) 표현하다

- Sam said the **phrase** again and again to memorize it.
  Sam은 그 구절을 외우려고 계속해서 말했다.
- In an interview, you should　　　　　　your answers carefully.
  인터뷰를 할 때는 신중하게 대답해야 합니다.

---

413 obtain
[əbtéin]

동 (노력 끝에) 얻다, 손에 넣다　　　　유 get

- It is not easy to **obtain** a ticket for a popular concert.
  인기 있는 콘서트 표를 구하는 것은 쉽지 않다.
- After many tries, Jin　　　　　　ed permission to study abroad.
  많은 시도 끝에 Jin은 외국에서 공부할 허가를 받았다.

---

414 bar
[baːr]

명 막대, 창살　　동 (어떤 행위를) 막다

- The **bar** graph shows the number of trees in each city.
  그 막대 그래프는 각 도시에 있는 나무 수를 보여준다.
- We were　　　　　　red from entering the building.
  우리는 그 건물에 들어가는 것을 금지당했다.

---

415 insist
[insíst]

동 우기다, 주장하다

- Sam **insists** that Busan is the most beautiful city in Korea.
  Sam은 부산이 한국에서 가장 아름다운 도시라고 우긴다.
- My parents　　　　　　that I learn to swim.
  부모님은 내가 수영하는 법을 배워야 한다고 주장하신다.

416 theory

[θí(:)əri]

(명) 이론

- Darwin's **theory** of evolution is widely accepted.
  다윈의 진화론은 널리 받아들여진다.
- Galileo's _____ was right, but Christians didn't like it.
  갈릴레오의 이론은 옳았지만 기독교인들은 그것을 좋아하지 않았다.

417 impress

[imprés]

(동) (좋은 면으로) 깊은 인상을 주다   impressed (형) 감명 받은   impressive (형) 인상적인

- The movie **impressed** the audience with its special effects.
  그 영화는 특수효과로 관객들에게 깊은 인상을 주었다.
- People were _____ed by the story about the orphan.
  사람들은 그 고아에 관한 이야기에 감동을 받았다.

418 constant

[kánstənt]

(형) 끊임없는, 지속적인   (유) continuous

- Mr. Darcy was tired of his wife's **constant** complaints.
  Darcy 씨는 아내의 끊임없는 불평에 피곤해했다.
- We should provide _____ support for seniors.
  우리는 노인들에게 지속적인 지원을 해야 한다.

419 instruct

[instrʌ́kt]

(동) 지시하다, 가르치다   instruction (명) 설명, 지시   (유) order 지시하다

➕ instruct A to+동사원형: A에게 ~할 것을 지시하다

- Mr. Darcy **instructed** his secretary to send the letter.
  Darcy 씨는 비서에게 그 편지를 보내라고 지시했다.
- Mr. Hill will _____ us in computer skills.
  Hill 씨는 우리에게 컴퓨터 기술을 가르칠 것이다.

420 strategy

[strǽtidʒi]

(명) (무언가를 성취하기 위한) 계획, 전략   strategic (형) 전략적인

- Ad companies use many **strategies** to sell their products.
  광고 회사들은 제품을 팔기 위해 많은 전략을 쓴다.
- We need an effective _____ to win the game.
  우리가 경기에서 이기려면 효과적인 전략이 필요하다.

Check Up 정답 p.179

A 다음 영어단어의 우리말을 쓰시오.

1 brief	_____	2 custom	_____
3 strategy	_____	4 theory	_____
5 insist	_____	6 constant	_____
7 phrase	_____	8 insert	_____

B 다음 영어단어와 비슷한 의미를 가진 것을 보기 에서 찾아 쓰시오.

1 obtain　　　→　_____

2 instruct　　→　_____

3 awesome　　→　_____

보기　　order
　　　　get
　　　fantastic

C 우리말과 일치하도록 알맞은 영어단어를 써넣어 문장을 완성하시오.

1 The _____ discovered a gold mine and became rich.
그 광부는 금광을 발견하고 부자가 되었다.

2 The _____ graph shows the number of trees in each city.
그 막대 그래프는 각 도시에 있는 나무 수를 보여준다.

3 Ms. Darcy _____ed a huge turkey for Thanksgiving Day.
Darcy 씨는 추수 감사절용으로 매우 큰 칠면조를 구웠다.

4 Will you _____ the party photos to your email?
파티 사진을 네 이메일에 첨부할 거니?

5 _____ is the main material used to make pottery.
점토는 도자기를 만드는 데 쓰이는 주재료이다.

6 The movie _____ed the audience with its special effects.
그 영화는 특수효과로 관객들에게 깊은 인상을 주었다.

7 The ship _____ed for two days to get to Japan.
그 배는 일본에 도착하기까지 이틀간 항해했다.

8 After many tries, Jin _____ed permission to study abroad.
많은 시도 끝에 Jin은 외국에서 공부할 허가를 받았다.

9 Sam sometimes misses his _____ year of high school.
Sam은 때때로 고등학교 3학년이던 시절을 그리워한다.

10 Wear three or four _____s of clothes to keep warm.
따뜻하도록 서너 겹의 옷을 입어.

D 밑줄 친 부분을 바르게 고쳐 문장을 다시 쓰시오.

1 Mr. Darcy instructed his secretary send the letter.

➔ _____

2 The scientists attached new arms with the robot.

➔ _____

421 lecture
[léktʃər]

몡 강의, 강연
- The professor is famous for his **lectures** on history.
  그 교수는 역사에 대한 강의로 유명하다.

➕ give a lecture: 강의하다

- Dr. Hawking will give a special _____ at the college.
  호킹 박사는 그 대학에서 특별 강연을 할 것이다.

422 iron
[áiərn]

몡 철, 다리미 동 다리미질하다
- The knight went through the **iron** gate to meet the princess.
  그 기사는 공주를 만나기 위해 철문을 통과했다.
- My mom burned herself while she was _____ing my shirt.
  엄마는 내 셔츠를 다리다가 화상을 입으셨다.

423 salary
[sǽləri]

몡 급여, 월급   유 pay
- My mom was happy to see a raise in my dad's **salary**.
  엄마는 아빠의 월급이 오른 것을 보고 기뻐하셨다.
- My older sister bought me a T-shirt when she received her _____.
  누나는 월급을 받자 나에게 티셔츠를 사주었다.

424 needle
[níːdl]

몡 (바느질용·주사 등의) 바늘
- My grandma is sewing with a **needle** and thread by hand.
  할머니는 실과 바늘을 이용하여 손바느질을 하고 계신다.
- I feel scared when I see a nurse holding a _____.
  나는 간호사가 주사 바늘을 쥐고 있는 것을 볼 때 무서움을 느낀다.

425 behave
[bihéiv]

동 (특정 방식으로) 행동하다, 예의 바르게 행동하다   behavior 몡 행동
- I really hate it when my older brother **behaves** like a child.
  나는 형이 아이처럼 행동할 때 정말 싫다.
- Sam, you have to _____ at the ceremony.
  Sam, 의식을 치룰 때는 격식에 맞게 행동해야 해.

426 bunch
[bʌntʃ]

몡 (포도 등의) 송이, (꽃 등의) 다발, (사람들의) 무리   유 group 무리
- Somebody put a **bunch** of flowers on my desk.
  누군가가 내 책상 위에 꽃 한 다발을 두었다.
- Sam invited a _____ of friends to his birthday party.
  Sam은 자신의 생일 파티에 한 무리의 친구들을 초대했다.

427 series
[sí(ː)əriːz]

몡 (책·영화 등의) 시리즈, (비슷한 것들의) 연속
- J. K. Rowling published seven books in the *Harry Potter* **series**.
  J. K. Rowling은 '해리포터' 시리즈에서 7권의 책을 출판했다.

➕ a series of ~: 연속된 ~

- There has been a _____ of accidents at my school.
  우리 학교에서 연속적인 비슷한 사고가 있었다.

428 budget
[bʌ́dʒit]

(명) 예산, 비용 (형) 가격이 저렴한

- I went over **budget** again this month.
  나는 이번 달에도 예산을 초과하여 썼다.
- We stayed in a _____ hotel to save money.
  우리는 돈을 절약하려고 저가 호텔에 묵었다.

---

429 debate
[dibéit]

(명) 토론 (동) 토론하다

유 discuss

- In the **debate**, my team was against animal testing.
  토론에서 우리 팀은 동물 실험에 반대하는 입장이었다.
- We _____ d the use of cellphones in class.
  우리는 수업 중 휴대전화 사용에 대해 토론했다.

---

430 coal
[koul]

(명) 석탄, (연료용) 석탄 덩어리

- The miners go deep underground to dig up the **coal**.
  광부들은 석탄을 캐내려고 땅속 깊이 내려간다.
- Ms. Darcy used a _____ fire to grill fish.
  Darcy 씨는 생선을 구우려고 석탄불을 사용했다.

---

431 scale
[skeil]

(명) 규모, 등급, 저울

- The city held the flower festival on a large **scale**.
  그 도시는 큰 규모로 꽃축제를 개최했다.
- Your presentations will be rated on a _____ from 1 to 5.
  여러분의 발표는 1등급에서 5등급으로 평가될 것입니다.

---

432 various
[vɛ(ː)əriəs]

(형) 다양한, 가지각색의

variety (명) 다양성   유 a variety of

- British people cook and eat potatoes in **various** ways.
  영국 사람들은 다양한 방법으로 감자를 요리해 먹는다.
- People laugh and cry in life for _____ reasons.
  사람들은 살면서 다양한 이유로 울고 웃는다.

---

433 odd
[ad]

(형) 이상한/희한한, 홀수의

반 even 짝수의   유 strange 이상한

- The **odd** thing is that the talkative girl said nothing all day.
  이상한 일은 그 수다쟁이 여자아이가 온종일 말을 하지 않았다는 것이다.
- My partner and I study together on _____-numbered days.
  내 짝과 나는 홀수 날에 함께 공부를 한다.

---

434 attitude
[ǽtitjùːd]

(명) (사람·사물을 대하는) 태도, 자세

- A positive **attitude** helps you deal with difficulties.
  긍정적인 자세는 어려운 일들을 해결하는 데 도움이 된다.
- The owner showed a friendly _____ towards customers.
  그 주인은 손님들에게 친근한 태도를 취했다.

---

435 toxic
[táksik]

(형) 독성이 있는

유 poisonous

- There should be a warning sign near the **toxic** waste.
  유독성 폐기물 근방에는 경고 표지판이 있어야 한다.
- Don't eat the apple seeds. They are _____.
  사과의 씨는 먹지 마. 그것은 독성이 있어.

436 **instance**
[ínstəns]

(명) 예, 사례   (유) example

• There was once such **instance** like that just last week.
바로 지난주에 그것과 같은 사례가 한 번 있었다.

➕ for instance: 예를 들어

• Colors affect our feelings. For _____, green makes us feel relaxed.
색은 우리의 감정에 영향을 미친다. 예를 들어 초록은 편안한 느낌이 들게 한다.

437 **indeed**
[indíːd]

(부) (강조의 의미로) 정말, (앞의 내용에 덧붙여) 사실   (유) really 정말로   in fact 사실은

• This hamster is **indeed** a cute and lovely pet to me.
이 햄스터가 나에게는 정말 귀엽고 사랑스러운 반려동물이야.

• Tom sings very well. _____, he is a professional singer.
Tom은 노래를 잘한다. 사실 그는 직업 가수이다.

438 **construct**
[kənstrʌ́kt]

(동) 건설하다, (조합해서) 만들다/구성하다   construction (명) 건설   (유) build 건설하다

• The Great Wall was **constructed** by the first emperor of China.
만리장성은 중국 최초의 황제에 의해 건설되었다.

• The essay is well _____ed from beginning to end.
그 에세이는 처음부터 끝까지 잘 구성되어 있다.

439 **intellectual**
[ìntəléktʃuəl]

(형) 지적인

• Mr. Darcy looks handsome; moreover, he is **intellectual**.
Darcy 씨는 잘 생겼다. 게다가 그는 지적이다.

• People with _____ curiosity ask many 'why' questions.
지적 호기심이 있는 사람들은 '왜'라는 질문을 많이 한다.

440 **territory**
[téritɔ̀ːri]

(명) (한 국가가 다스리는) 땅/영토, (동물들의) 영역

• The army protects the **territory** and the people in it.
군대는 영토와 그곳에 사는 사람들을 보호한다.

• Some animals, like dogs, mark their _____ with urine.
개와 같은 몇몇 동물들은 오줌으로 자신의 영역을 표시한다.

Check Up 정답 p.179

Ⓐ 다음 영어단어의 우리말을 쓰시오.

1 territory	_____	2 attitude	_____
3 behave	_____	4 scale	_____
5 toxic	_____	6 lecture	_____
7 intellectual	_____	8 budget	_____

B 다음 영어단어와 비슷한 의미를 가진 것을 보기 에서 찾아 쓰시오.

1 construct → _____

2 instance → _____

3 odd → _____

보기 example
      strange
      build

C 우리말과 일치하도록 알맞은 영어단어를 써넣어 문장을 완성하시오.

1 Somebody put a _____ of flowers on my desk.
누군가가 내 책상 위에 꽃 한 다발을 두었다.

2 My mom burned herself while she was _____ing my shirt.
엄마는 내 셔츠를 다리다가 화상을 입으셨다.

3 The miners go deep underground to dig up the _____.
광부들은 석탄을 캐내려고 땅속 깊이 내려간다.

4 British people cook and eat potatoes in _____ ways.
영국 사람들은 다양한 방법으로 감자를 요리해 먹는다.

5 J. K. Rowling published seven books in the *Harry Potter* _____.
J. K. Rowling은 '해리포터' 시리즈에서 7권의 책을 출판했다.

6 My mom was happy to see a raise in my dad's _____.
엄마는 아빠의 월급이 오른 것을 보고 기뻐하셨다.

7 In the _____, my team was against animal testing.
토론에서 우리 팀은 동물 실험에 반대하는 입장이었다.

8 This hamster is _____ a cute and lovely pet to me.
이 햄스터가 나에게는 정말 귀엽고 사랑스러운 반려동물이야.

9 My grandma is sewing with a _____ and thread by hand.
할머니는 실과 바늘을 이용하여 손바느질을 하고 계신다.

10 The _____ thing is that the talkative girl said nothing all day.
이상한 일은 그 수다쟁이 여자아이가 온종일 말을 하지 않았다는 것이다.

D 밑줄 친 부분을 바르게 고쳐 문장을 다시 쓰시오.

1 There has been a series for accidents at my school.

→ _____

2 Colors affect our feelings. At instance, green makes us feel relaxed.

→ _____

---

441 corn
[kɔːrn]

명 옥수수

- **Corn** is used to make various foods such as popcorn.
  옥수수는 팝콘과 같은 다양한 음식을 만드는 데 사용된다.
- _____ is grown to feed animals like cows.
  옥수수는 젖소와 같은 동물들을 먹이기 위해 재배된다.

---

442 jar
[dʒɑːr]

명 (입구가 넓은) 병, 항아리

- My grandma sealed the **jar** of jam and put it on the shelf.
  할머니는 잼병을 밀봉하고 그것을 선반 위에 두셨다.
- Traditionally, we used to keep soy sauce in a big _____.
  전통적으로 우리는 커다란 항아리에 간장을 보관하곤 했다.

---

443 shell
[ʃel]

명 (딱딱한) 껍데기, 껍질

- Snails carry their heavy **shells**. That explains why they are slow.
  달팽이는 자신의 단단한 껍질을 이고 다닌다. 그것이 그들이 느린 이유이다.
- The children had fun collecting _____s on the beach.
  아이들은 해변에서 조개껍데기를 주우며 즐거워했다.

---

444 cliff
[klif]

명 절벽

- Climbing a **cliff** with a rope became a popular sport.
  밧줄을 이용하여 절벽을 오르는 것은 인기 있는 스포츠가 되었다.
- Some birds build their nests on _____s for protection.
  보호 목적으로 절벽에 둥지를 짓는 새들도 있다.

---

445 belong
[bilɔ́(ː)ŋ]

동 제자리에 있다, 사람들과 잘 어울리다

- Where does this clock **belong**?
  이 시계는 제자리가 어디니?
- The new student said with tears, "I don't _____ here."
  전학생은 눈물을 흘리며 "나는 여기에 어울리지 않아."라고 말했다.

---

446 shame
[ʃeim]

명 창피, 안타까운 일   shameful 형 창피한

- The liar rushed out of the room in **shame**.
  그 거짓말쟁이는 창피해서 그 방을 서둘러 빠져 나갔다.
- ➕ it's a shame that ~: ~한 것은 안타까운 일이다
- It's a _____ that no one wants you as a team member.
  아무도 너를 팀원으로 원하지 않는 것은 안타까운 일이구나.

---

447 opportunity
[àpərtjúːnəti]

명 (좋은) 기회   유 chance

- ➕ an opportunity to+동사원형: ~할 기회
- Don't miss the **opportunity** to join the club for free.
  무료로 클럽에 가입할 수 있는 기회를 놓치지 마세요.
- I failed, but I got an _____ to make it right.
  나는 실패했지만 그것을 바로 잡을 기회를 갖게 되었다.

---

448 capture [kǽptʃər]

(동) 붙잡다, 포획하다　(명) 체포, 포획

유 catch 붙잡다

- A prisoner escaped but was **captured** soon afterward.
  한 죄수가 도망쳤으나 그 후에 곧 잡혔다.
- Animal lovers are against the   of wild animals.
  동물 애호가들은 야생동물의 포획에 반대한다.

---

449 delay [diléi]

(명) 미룸, 지연　(동) 뒤로 미루다, 연기하다

유 put off 연기하다

- If you see a fire, call 119 without **delay**.
  화재가 난 것을 발견하면 지체 없이 119로 전화하세요.
- My flight was   ed because of the bad weather.
  내가 탈 비행기는 기상 악화로 인해 지연되었다.

---

450 license [láisəns]

(동) (공적으로) 허가하다　(명) 허가증, 면허

- The new flu vaccine will be **licensed** for use in Korea.
  새 독감 백신이 한국에서 사용되도록 허가될 것이다.
- If you are over 18, you can get a driver's   .
  네가 18세가 넘으면 운전면허를 딸 수 있어.

---

451 scholar [skálər]

(명) 학자

- Ms. Jones is a respected **scholar** and a professor of politics.
  Jones 씨는 존경받는 학자이자 정치학 교수이다.
- Plato is an ancient   known for his cave theory.
  플라톤은 동굴 이론으로 알려진 고대 학자이다.

---

452 assemble [əsémbl]

(동) 모으다/모이다, 조립하다

유 collect 모으다

- All the students **assembled** for the graduation ceremony.
  모든 학생들이 졸업식을 위해 한자리에 모였다.
- It is not always easy to   DIY furniture.
  DIY 가구를 조립하는 것이 항상 쉬운 일은 아니다.

---

453 cancer [kǽnsər]

(명) 암

- **Cancer** can be treated effectively if it is found early.
  암은 일찍 발견된다면 효과적으로 치료될 수 있다.
- Skin   is one of the most common cancers today.
  피부암은 오늘날 가장 흔한 암 중에 하나이다.

---

454 bare [bɛər]

(형) 벌거벗은, (땅·산이) 헐벗은

- Baby Hercules fought wild animals with his **bare** hands.
  아기 헤라클레스는 맨손으로 야생동물들과 싸웠다.
- White snowflakes fell on the   trees one by one.
  흰 눈송이가 헐벗은 나무 위에 하나씩 내려앉았다.

---

455 invest [invést]

(동) (돈·시간·노력 등을) 투자하다

investment (명) 투자

+ invest A in B: A를 B에 투자하다

- An old man **invested** one million dollars in the college.
  한 노인이 그 대학에 백만 달러를 투자했다.
-      your time and effort in your dreams. 네 꿈에 시간과 노력을 쏟도록 해.

456 transform
[trænsfɔ́:rm]

동 완전히 바꾸다, 변형시키다   유 change

➕ transform A into B: A를 B로 변형시키다

- The designer **transformed** a sack into a stylish shirt.
  그 디자이너는 자루를 멋진 셔츠로 변형시켰다.
- The building will be _____ed into an art gallery.
  그 건물은 미술관으로 바뀔 것이다.

---

457 prey
[prei]

명 (동물의) 먹이, 사냥감

- The hyenas waited until the lion got full and left its **prey**.
  하이에나들은 사자가 배불러 먹이를 떠날 때까지 기다렸다.
- The eagle spotted its _____ and watched it quietly.
  독수리는 사냥감을 포착하고 조용히 지켜보았다.

---

458 contribute
[kəntríbju:t]

동 (돈·물건·시간 등을 써서) 도움을 주다, 기여하다

- The rich man **contributed** ten thousand dollars to UNESCO.
  그 부자는 만 달러를 유네스코에 기부했다.

➕ contribute to ~: ~에 기여하다

- Many seniors try to _____ to their community.
  많은 노인들이 지역사회에 기여하려고 노력한다.

---

459 disturb
[distə́:rb]

동 방해하다, 마음을 불편하게 하다/걱정시키다   disturbed 형 심란한

- I want to be alone now. Don't **disturb** me.
  나는 지금 혼자 있고 싶어. 방해하지 마.
- Sam was _____ed when he got his report card.
  Sam은 자신의 성적표를 받고 마음이 무거워졌다.

---

460 thrive
[θraiv]

동 번창하다, (사람·식물 등이) 잘 자라다

- The pet business is **thriving** in cities.
  도시에서는 반려동물과 관련된 사업이 번창하고 있다.
- Any plant will _____ on the rich soil near the river.
  그 강 주변의 비옥한 토양에서는 어떠한 식물도 잘 자랄 것이다.

Check Up 정답 p.179

Ⓐ 다음 영어단어의 우리말을 쓰시오.

1 scholar	_____	2 prey	_____
3 thrive	_____	4 contribute	_____
5 license	_____	6 bare	_____
7 cancer	_____	8 cliff	_____

B 다음 영어단어와 비슷한 의미를 가진 것을 보기 에서 찾아 쓰시오.

1 opportunity → _____

2 assemble → _____

3 transform → _____

보기 change
     collect
     chance

C 우리말과 일치하도록 알맞은 영어단어를 써넣어 문장을 완성하시오.

1 If you see a fire, call 119 without _____.
화재가 난 것을 발견하면 지체 없이 119로 전화하세요.

2 Where does this clock _____?
이 시계는 제자리가 어디니?

3 An old man _____ed one million dollars in the college.
한 노인이 그 대학에 백만 달러를 투자했다.

4 A prisoner escaped, but was _____d soon afterward.
한 죄수가 도망쳤으나 그 후에 곧 잡혔다.

5 It is not always easy to _____ DIY furniture.
DIY 가구를 조립하는 것이 항상 쉬운 일은 아니다.

6 The children had fun collecting _____s on the beach.
아이들은 해변에서 조개껍데기를 주우며 즐거워했다.

7 Traditionally, we used to keep soy sauce in a big _____.
전통적으로 우리는 커다란 항아리에 간장을 보관하곤 했다.

8 It's a _____ that no one wants you as a team member.
아무도 너를 팀원으로 원하지 않는 것은 안타까운 일이구나.

9 _____ is grown to feed animals like cows.
옥수수는 젖소와 같은 동물들을 먹이기 위해 재배된다.

10 I want to be alone now. Don't _____ me.
나는 지금 혼자 있고 싶어. 방해하지 마.

D 밑줄 친 부분을 바르게 고쳐 문장을 다시 쓰시오.

1 The designer transformed a sack with a stylish shirt.

→ _____

2 Don't miss the opportunity to joining the club for free.

→ _____

---

461 **debt**
[det]

(명) 빚, 부채

➕ pay off a debt: 빚을 갚다

• The poor family worked day and night to pay off the **debt**.
그 가난한 가족은 빚을 갚으려고 밤낮으로 일했다.

• The man had to pay his father's　　　　s.
그 남자는 아버지의 빚을 갚아야 했다.

---

462 **jaw**
[dʒɔː]

(명) 턱

• The boy looks strong with a long **jaw** and broad cheekbones.
그 남자아이는 긴 턱과 넓은 광대뼈로 인해 강인해 보인다.

• Can you speak without moving your lower　　　　?
아래턱을 움직이지 않고 말할 수 있니?

---

463 **funeral**
[fjúːnərəl]

(명) 장례식

• The visitors at the **funeral** prayed for the dead.
장례식에 참석한 조문객들은 죽은 자들을 위해 기도했다.

• It is polite to turn off your cellphone at a　　　　.
장례식에서는 휴대전화를 꺼놓는 것이 정중한 자세이다.

---

464 **connect**
[kənékt]

(동) (두 가지를) 연결하다

connection (명) 연결

➕ connect A to B: A를 B에 연결하다

• The bridge **connects** the island to the port.
그 다리는 섬과 항구를 잇는다.

• This tablet PC is　　　　ed to the printer wirelessly.
이 태블릿 피씨는 무선으로 프린터와 연결된다.

---

465 **bury**
[béri]

(동) (땅·모래 등에) 파묻다, 숨기다

• Mother Teresa, called a living saint, was **buried** in 1997.
살아 있는 성인이라 불렸던 테레사 수녀님은 1997년에 묻혔다.

• The pirates are　　　　ing their treasure in the cave.
해적들이 동굴 안에 보물을 숨기고 있다.

---

466 **career**
[kəríər]

(명) (직업과 관련된) 경력, 이력

• My parents want me to pursue a **career** in entertainment.
부모님은 내가 연예계에서의 경력을 추구하기를 원하신다.

• My　　　　as a lawyer started 20 years ago.
변호사로서의 내 경력은 20년 전에 시작되었다.

---

467 **export**
[ékspɔːrt]

(명) 수출 (동) 수출하다 [ikspɔ́ːrt]

(반) import 수입, 수입하다

• This graph shows the increases in **exports** in the 1980s.
이 도표는 1980년대에 수출의 증가를 보여준다.

• Korea　　　　s high-tech devices like smartphones.
한국은 스마트폰과 같은 첨단 기술 장치를 수출한다.

---

468 snap
[snæp]

(동) 딱 소리를 내며 부러지다, 부러뜨리다 (명) 딱 하는 소리

- As I stepped on the dry branches, they **snapped**.
  내가 마른 가지들을 밟자 가지들은 딱 소리를 내며 부러졌다.
- My pencil broke with a _____.
  내 연필이 딱 소리를 내며 부러졌다.

469 approach
[əpróutʃ]

(명) (문제에 대한) 접근법, (무엇을 대하는) 방식 (동) 가까이 오다, 접근하다

- Sam's **approach** to the problem was slow but effective.
  그 문제에 대한 Sam의 접근법은 느리지만 효과적이었다.
- If a strange man _____es you, just run away.
  만약 이상한 사람이 다가오면 그냥 도망가.

470 drown
[draun]

(동) 물에 빠져 죽다

- Many people **drowned** in the flood.
  많은 사람들이 홍수에서 익사했다.
- With no way to escape, the people on the Titanic _____ed.
  탈출할 방법이 없어서 타이타닉호에 있던 사람들은 익사했다.

471 organic
[ɔːrɡǽnik]

(형) 화학 비료를 쓰지 않은, 유기농의 (유) natural

- The restaurant makes a salad with **organic** vegetables.
  그 식당은 유기농 채소들로 샐러드를 만든다.
- This book shows some _____ ways to grow plants.
  이 책은 식물을 기르는 유기농법들을 보여준다.

472 success
[səksés]

(명) 성공, 성공한 것/사람 succeed (동) 성공하다 successful (형) 성공적인

- His **success** is the result of hard work.
  그의 성공은 열심히 일한 결과이다.
- The new movie was a huge _____ worldwide.
  그 새 영화는 전 세계적으로 큰 성공을 거두었다.

473 passage
[pǽsidʒ]

(명) 통로/복도, (책의) 지문/구절

- Walk through the **passage** to the backyard to see Mr. Darcy.
  Darcy 씨를 만나려면 뒷마당으로 이어지는 통로를 통해 가세요.
- Read the _____ below and answer the questions.
  아래 지문을 읽고 질문에 답하세요.

474 besides
[bisáidz]

(부) 게다가 (유) moreover

- I'm too tired to go for a walk. **Besides**, it's raining.
  나는 산책하기에 너무 피곤해. 게다가 비도 와.
- _____, this way I can save some money.
  게다가, 이 방법으로 나는 돈도 아낄 수 있어.

475 justice
[dʒʌ́stis]

(명) 공정함/정의, 사법

- The suspect insisted he was innocent and demanded **justice**.
  그 용의자는 자신이 결백하다고 주장하며 공정함을 요구했다.
- The man defended himself at the court of _____.
  그 남자는 법정에서 자기 자신을 변호했다.

476 urban

[ə́:rbən]

(형) 도시의

(반) rural 시골의

- In the survey, half of the students wanted to live in **urban** areas.
  조사에서 학생들의 절반이 도시 지역에 살기를 원했다.
- There are many convenient facilities in _____ areas.
  도시 지역에는 많은 편의 시설들이 있다.

---

477 paragraph

[pǽrəgræf]

(명) 문단, 단락

- Sam, would you read the first **paragraph** out loud?
  Sam, 첫 번째 문단을 큰 소리로 읽어 볼래?
- Your homework is to write a three-_____ essay.
  여러분의 숙제는 3개의 단락으로 된 에세이를 써오는 것입니다.

---

478 convince

[kənvíns]

(동) 확신시키다, 설득하다

(유) persuade 설득하다

- I'm **convinced** that yoga is the best workout.
  나는 요가가 최고의 운동이라고 확신해.

➕ convince A to+동사원형: A를 설득시켜 ~하게 하다

- The salesman _____d my mom to buy a useless item.
  그 판매원은 우리 엄마를 설득시켜 쓸데없는 물건을 사게 했다.

---

479 invade

[invéid]

(동) 침략하다, 침입하다

- It is not easy to forgive Japan for **invading** our country.
  우리나라를 침략한 일본을 용서하기란 쉽지 않다.
- The singer sued the stalker who _____d her house.
  그 가수는 자신의 집에 침입한 스토커를 고소했다.

---

480 transfer

[trǽnsfər]

(동) 옮기다, 이동하다

(유) move

- My homeroom teacher **transferred** to another school this year.
  담임선생님은 올해 다른 학교로 전근 가셨다.
- You can _____ money to other accounts online.
  온라인으로 다른 계좌에 송금할 수 있습니다.

Check Up 정답 p.180

A 다음 영어단어의 우리말을 쓰시오.

1 funeral _____ 2 debt _____

3 justice _____ 4 paragraph _____

5 bury _____ 6 urban _____

7 invade _____ 8 passage _____

B 다음 영어단어와 비슷한 의미를 가진 것을 보기 에서 찾아 쓰시오.

1 transfer　　→　_____

2 convince　　→　_____

3 organic　　→　_____

> 보기　move
> 　　　natural
> 　　　persuade

C 우리말과 일치하도록 알맞은 영어단어를 써넣어 문장을 완성하시오.

1 Can you speak without moving your lower _____?
아래턱을 움직이지 않고 말할 수 있니?

2 My _____ as a lawyer started 20 years ago.
변호사로서의 내 경력은 20년 전에 시작되었다.

3 Sam's _____ to the problem was slow but effective.
그 문제에 대한 Sam의 접근법은 느리지만 효과적이었다.

4 I'm too tired to go for a walk. _____, it's raining.
나는 산책하기에 너무 피곤해. 게다가 비도 와.

5 My homeroom teacher _____red to another school this year.
담임선생님은 올해 다른 학교로 전근 가셨다.

6 His _____ is the result of hard work.
그의 성공은 열심히 일한 결과이다.

7 This tablet PC is _____ed to the printer wirelessly.
이 태블릿 피씨는 무선으로 프린터와 연결된다.

8 This graph shows the increases in _____s in 1980s.
이 도표는 1980년대에 수출의 증가를 보여준다.

9 As I stepped on the dry branches, they _____ped.
내가 마른 가지들을 밟자 가지들은 딱 소리를 내며 부러졌다.

10 Many people _____ed in the flood.
많은 사람들이 홍수에서 익사했다.

D 밑줄 친 부분을 바르게 고쳐 문장을 다시 쓰시오.

1 The bridge connects the island by the port.

→　_____

2 The salesman convinced my mom buying a useless item.

→　_____

30

---

481 ## decade
[dékeid]

명 십 년

- The teacher has been working here for **decades**.
  그 교사는 여기에서 수십 년 동안 근무하고 있다.
- Scientists will find a cure for cancer within a _____.
  과학자들은 10년 안에 암에 대한 치료법을 찾아낼 것이다.

---

482 ## kit
[kit]

명 도구나 장비 세트, 조립 용품 세트

- A first-aid **kit** is a must-have item for your safety.
  비상 약품 세트는 안전을 위한 필수품이다.
- My hobby is to collect model car _____s.
  내 취미는 모형 자동차 세트를 모으는 것이다.

---

483 ## shore
[ʃɔːr]

명 (바다·강·호수의) 물가

- The road along the **shore** offers a great view for drivers.
  해변을 따라 난 도로는 운전자들에게 멋진 풍경을 보여준다.
- The barefooted kids are running on the _____.
  맨발의 아이들이 물가를 달리고 있다.

---

484 ## generation
[dʒènəréiʃən]

명 비슷한 연령층, 세대

- The **generation** gap is natural. So, try to accept it.
  세대 차이는 자연스러운 것입니다. 그러니 받아들이려고 하세요.
- My dad's _____ had big families.
  아빠의 세대는 대가족이었다.

---

485 ## deal
[diːl]
deal-dealt-dealt

명 거래, 합의 동 (사람을) 다루다, (문제 등을) 처리하다(with)

- I'd make a **deal** with the devil to eat this pizza.
  이 피자를 먹기 위해서라면 악마와 거래라도 하겠어.
- It is not easy to _____ with a trouble maker.
  사고뭉치를 다루는 것은 쉽지 않다.

---

486 ## participate
[pɑːrtísəpèit]

동 참가하다   유 take part in

✚ participate in ~: ~에 참가하다

- Twenty students from each class **participated** in the competition.
  각 반에서 20명의 학생들이 그 대회에 참가했다.
- I _____d in the event as a volunteer worker.
  나는 자원봉사자로서 그 행사에 참여했다.

---

487 ## charge
[tʃɑːrdʒ]

명 요금, 책임   동 (요금을) 청구하다

✚ in charge of ~: ~에 책임이 있는

- Sam is in **charge** of looking after his baby sister after school.
  Sam은 방과 후에 아기 여동생을 돌볼 책임이 있다.
- The bank _____d me two dollars for taking money out.
  은행은 출금 수수료로 2달러를 청구했다.

---

488 sort
[sɔːrt]

(명) 종류 (동) 분류하다

(유) kind, type 종류

- This restaurant serves all **sorts** of desserts at a low price.
  이 식당은 저렴한 가격으로 모든 종류의 디저트를 제공한다.
- The apples were _____ ed according to size.
  그 사과들은 크기에 따라 분류되었다.

489 architect
[áːrkitèkt]

(명) 건축가

architecture (명) 건축

- The Louvre Pyramid was designed by the **architect**, I. M. Pei.
  루브르 박물관의 피라미드는 I. M. Pei라는 건축가에 의해 설계되었다.
- Gaudi has been admired by all the _____ s around the world.
  가우디는 전 세계적으로 모든 건축가들에게 존경을 받아왔다.

490 due
[djuː]

(형) ~하기로 되어 있는, 예정인

- The project is **due** this Friday. 그 프로젝트는 이번 주 금요일까지이다.

➕ due to ~: ~때문에

- Ryu missed the game _____ to his knee injury.
  Ryu는 무릎 부상으로 인해 경기에 출장하지 못했다.

491 chief
[tʃiːf]

(형) (직급이나 계급이) 가장 높은, 주된 (명) 우두머리

(유) main 주된

- His laziness was the **chief** cause of his failure.
  게으름이 그가 실패한 주된 원인이었다.
- The man fought a lion to become the _____ of the tribe.
  그 남자는 부족의 족장이 되기 위해 사자와 싸웠다.

492 suit
[sjuːt]

(명) 한 벌의 옷, 정장 (동) 적합하다, 잘 맞다

suitable (형) 적합한

- The boys felt uncomfortable in **suits**.
  그 남자아이들은 정장을 입고는 불편해 했다.
- The blue shirt with stripes will _____ anyone.
  줄무늬가 있는 그 파란색 셔츠는 누구에게든 어울릴 것이다.

493 practical
[præktikəl]

(형) 실제의, 현실성 있는, 실용적인

- We need **practical** ideas for keeping our school clean.
  우리는 학교를 깨끗하게 유지하기 위한 현실적인 방안들이 필요하다.
- Edison invented many _____ items such as the light bulb.
  에디슨은 전구와 같은 많은 실용적인 물건을 발명했다.

494 column
[káləm]

(명) 기둥, (신문·잡지의) 정기 기고란/칼럼

- Greek people used to scribble on the temple's **columns**.
  그리스 사람들은 신전의 기둥에 낙서를 하곤 했다.
- The *Times* dealt with gimchi in a recent _____ .
  타임지는 최근의 칼럼에서 김치에 대해 다루었다.

495 literature
[lítərətʃùər]

(명) 문학

- **Literature** includes many genres such as poems and novels.
  문학은 시와 소설과 같은 많은 장르를 포괄한다.
- Read as many works of _____ as possible.
  가능한 많은 문학 작품을 읽도록 해.

496 vary
[vέ(:)əri]

동 (크기·모양 등이) 다르다, (상황에 따라) 달라지다 　　　　유 differ 다르다

- Bikes **vary** in size and price, so it is hard to pick one.
  자전거는 크기와 가격이 다양해서 고르기가 어렵다.
- The ingredients of gimchi ▢▢▢▢▢ with the region.
  김치의 재료는 지역마다 다르다.

497 primary
[práimeri]

형 중점적인/주요한, 초등의 　　　　유 main, chief 주요한

- Convenience is the **primary** reason for online shopping.
  편리함이 온라인 쇼핑을 하는 주요 이유이다.
- Reading is taught from the ▢▢▢▢▢ school level.
  읽기는 초등학교 수준부터 배우게 됩니다.

498 cooperate
[kouápərèit]

동 협력하다 　　　　cooperation 명 협력

- Team members should **cooperate** to win the game.
  팀 구성원들은 게임에서 이기려면 힘을 합쳐야 한다.

➕ cooperate with ~: ~와 협력하다

- We learn how to ▢▢▢▢▢ with each other in sports.
  우리는 스포츠에서 서로 협력하는 법을 배운다.

499 involve
[inválv]

동 포함하다, (어떤 상황·사건 등에) 관련시키다

- Service jobs **involve** dealing with customers' complaints.
  서비스 직업은 고객들의 불만 사항을 해결하는 일도 한다.

➕ be involved in/with ~: ~에 관련되다

- No one wanted to be ▢▢▢▢▢d in the argument.
  아무도 그 언쟁에 끼고 싶어 하지 않았다.

500 urge
[əːrdʒ]

동 (강력히) 권고하다, 촉구하다 　　명 (강한) 욕구, 충동

- Some parents **urge** schools to provide better education.
  몇몇 부모들은 학교가 보다 나은 교육을 제공할 것을 촉구한다.
- Sometimes, I feel an ▢▢▢▢▢ to run away.
  때때로 나는 도망치고 싶은 충동을 느낀다.

Check Up 정답 p.180

A 다음 영어단어의 우리말을 쓰시오.

1 shore ＿＿＿＿＿＿＿＿　　2 participate ＿＿＿＿＿＿＿＿

3 column ＿＿＿＿＿＿＿＿　　4 literature ＿＿＿＿＿＿＿＿

5 cooperate ＿＿＿＿＿＿＿＿　　6 architect ＿＿＿＿＿＿＿＿

7 generation ＿＿＿＿＿＿＿＿　　8 primary ＿＿＿＿＿＿＿＿

B 다음 영어단어와 비슷한 의미를 가진 것을 보기 에서 찾아 쓰시오.

1 sort　　　→ _____

2 vary　　　→ _____

3 chief　　　→ _____

> 보기　**kind**
> 　　　**main**
> 　　　**differ**

C 우리말과 일치하도록 알맞은 영어단어를 써넣어 문장을 완성하시오.

1 No one wanted to be _____ d in the argument.
아무도 그 언쟁에 끼고 싶어 하지 않았다.

2 The boys felt uncomfortable in _____ s.
그 남자아이들은 정장을 입고는 불편해 했다.

3 Bikes _____ in size and price, so it is hard to pick one.
자전거는 크기와 가격이 다양해서 고르기가 어렵다.

4 Some parents _____ schools to provide better education.
몇몇 부모들은 학교가 보다 나은 교육을 제공할 것을 촉구한다.

5 The teacher has been working here for _____ s.
그 교사는 여기에서 수십 년 동안 근무하고 있다.

6 I'd make a _____ with the devil to eat this pizza.
이 피자를 먹기 위해서라면 악마와 거래라도 하겠어.

7 A first-aid _____ is a must-have item for your safety.
비상 약품 세트는 안전을 위한 필수품이다.

8 The apples were _____ ed according to size.
그 사과들은 크기에 따라 분류되었다.

9 The project is _____ this Friday.
그 프로젝트는 이번 주 금요일까지이다.

10 Edison invented many _____ items such as the light bulb.
에디슨은 전구와 같은 많은 실용적인 물건을 발명했다.

D 밑줄 친 부분을 바르게 고쳐 문장을 다시 쓰시오.

1 Ryu missed the game due his knee injury.

➜ _____

2 Sam is for charge of looking after his baby sister after school.

➜ _____

A 영어단어를 듣고 빈칸에 쓰시오. 그 다음, 해당 단어의 우리말을 쓰시오. 🎧31

1 _____ ➡ ....   2 _____ ➡ ....

3 _____ ➡ ....   4 _____ ➡ ....

5 _____ ➡ ....   6 _____ ➡ ....

7 _____ ➡ ....   8 _____ ➡ ....

9 _____ ➡ ....   10 _____ ➡ ....

11 _____ ➡ ....   12 _____ ➡ ....

13 _____ ➡ ....   14 _____ ➡ ....

15 _____ ➡ ....   16 _____ ➡ ....

B 다음 영어문장이 우리말과 일치하면 O, 그렇지 않으면 X를 쓰시오.

1 The children had fun collecting shells on the beach.
아이들은 해변에서 조개껍데기를 모으며 즐거워했다. (　　　)

2 The singer sued the stalker who invested her house.
그 가수는 자신의 집에 침입한 스토커를 고소했다. (　　　)

3 The new movie was a huge shame worldwide.
그 새 영화는 전 세계적으로 성공했다. (　　　)

4 My flight was delayed because of the bad weather.
내가 탈 비행기는 기상 악화로 인해 지연되었다. (　　　)

5 My dad's customs had big families.
아빠의 세대는 대가족이었다. (　　　)

6 My three-year-old son likes to play with clay.
세 살인 내 아들은 찰흙을 가지고 노는 것을 좋아한다. (　　　)

7 I want to be alone now. Don't behave.
나는 지금 혼자 있고 싶어. 방해하지 마. (　　　)

8 The scientists attached new arms to the robot.
과학자들은 그 로봇에 새 팔을 붙였다. (　　　)

9 People with intellectual curiosity ask many 'why' questions.
지적 호기심이 있는 사람들은 '왜'라는 질문을 많이 한다. (　　　)

10 We learn how to approach with each other in sports.
우리는 스포츠에서 서로 협력하는 방법을 배운다. (　　　)

C 다음 문장의 빈칸에 들어갈 알맞은 단어를 고르시오.

1 Don't miss the _____ to join the club for free.
　① clay　　　② coal　　　③ opportunity　　④ corn　　　⑤ cancer

2 Don't eat the apple seeds. They are _____.
　① budget　　② various　　③ brief　　　④ awesome　　⑤ toxic

3 People were _____ by the story about the orphan.
　① transformed　② impressed　③ inserted　　④ obtained　　⑤ debated

4 Service jobs _____ dealing with customers' complaints.
　① delay　　　② assemble　　③ disturb　　④ transfer　　⑤ involve

5 Edison invented many _____ items such as the light bulb.
　① constant　　② senior　　③ bare　　　④ practical　　⑤ constant

6 The eagle spotted its _____ and watched it quietly.
　① needle　　② attitude　　③ jar　　　④ prey　　　⑤ cliff

7 Wear three or four _____ of clothes to keep warm.
　① layers　　② debts　　③ kits　　　④ generations　⑤ jaws

8 The man fought a lion to become the _____ of the tribe.
　① career　　② shore　　③ chief　　④ sail　　　⑤ decade

9 We stayed in a _____ hotel to save money.
　① bare　　　② primary　　③ due　　　④ budget　　⑤ primary

10 The new student said with tears, "I don't _____ here."
　① insist　　② belong　　③ invest　　④ urge　　　⑤ vary

11 Korea _____ high-tech devices like smartphones.
　① exports　　② roasts　　③ impresses　④ obtains　　⑤ captures

12 We need an effective _____ to win the game.
　① needle　　② bar　　　③ strategy　④ territory　　⑤ license

13 In the survey, half of the students wanted to live in _____ areas.
　① bare　　　② urban　　③ intellectual　④ shame　　　⑤ odd

14 Tom sings very well. _____, he is a professional singer.
　① Indeed　　② Approach　③ Due　　　④ Series　　⑤ Drown

15 The pirates are _____ their treasure in the cave.
　① attaching　② instructing　③ constructing　④ convincing　⑤ burying

D 다음 영어 설명에 해당하는 단어를 보기 에서 찾아 쓰시오.

보기	custom	funeral	salary	bare	jar
	insert	scholar	architect	drown	roast

1 a container to store food or things in → _____

2 the money that is paid to workers each month → _____

3 not covered by anything → _____

4 to put something inside something like a hole → _____

5 a person who studies a subject deeply → _____

6 a person who designs buildings as a job → _____

7 a usual or traditional way of doing something → _____

8 a ceremony held for a person who died → _____

9 to bake meat or other food in an oven → _____

10 to die under water because someone cannot breathe → _____

E 다음 문장에 들어갈 알맞은 품사의 단어를 고르시오.

1 The report is 동[attached / attachment] to this email.

2 It's a 명[shameful / shame] that I was the last one to pass the test.

3 Athletes from 형[variety / various] countries joined the sports event.

4 Mr. Park 동[buried / burial] his mother under her favorite tree.

5 The earthquake was very 형[brief / briefly] but the damage was big.

6 His 명[success / succeed] is the result of constant effort.

7 My parents 동[convincing / convinced] me to learn to play the piano.

8 The white dress 동[suitable / suits] you very well.

9 We 동[cooperated / cooperation] to win at the school sports event.

10 동[Behave / Behavior] politely when you are with elderly people.

F 밑줄 친 부분과 의미가 비슷한 단어나 표현을 보기 에서 찾아 쓰시오.

보기
pay	got	poisonous	chance	natural
fantastic	continuous	strange	put off	take part in

1 I finally <u>obtained</u> the latest version of the online game. → _____

2 At first, it was <u>odd</u> to see a foreigner wearing a Hanbok. → _____

3 My train was <u>delayed</u> because of an engine breakdown. → _____

4 We've just had an <u>awesome</u> dinner at a fancy restaurant. → _____

5 I'd like to <u>participate in</u> the speech contest this year. → _____

6 I had a great <u>opportunity</u> to study abroad. → _____

7 The player had a hard time because of his <u>constant</u> injuries. → _____

8 My mom always uses <u>organic</u> products for us. → _____

9 I will buy you a gift when I get my <u>salary</u> this month. → _____

10 The factory is secretly producing <u>toxic</u> materials. → _____

G 밑줄 친 부분이 어법에 맞으면 O, 그렇지 않으면 X를 쓰시오.

1 I like eating sour fruit. <u>For instance</u>, I eat oranges every day. (   )

2 My mom <u>instructed me clean</u> my room after school. (   )

3 Are you sure that your computer <u>is connected to the printer</u>? (   )

4 You have to <u>attach your photo to</u> your application form. (   )

5 Two of my friends <u>were involved at the big fight</u> at school. (   )

6 The rich old man wishes to <u>contribute to society</u>. (   )

7 The city will <u>invest millions of dollars on new schools</u>. (   )

8 Who is <u>in charge of collecting</u> your homework? (   )

9 The boy is playing with a toy car that can <u>be transformed at a robot</u>. (   )

10 The actor got <u>an opportunity to star</u> in the movie. (   )

A 영어단어는 우리말로, 우리말은 영어단어로 바꿔 쓰시오.

1 magnet	26 수출
2 source	27 겁먹게 하다
3 corn	28 문서
4 recent	29 담고 있다
5 scholar	30 비서
6 genius	31 방해하다
7 refuse	32 성별
8 architect	33 잠시 멈춤
9 policy	34 효율적인
10 professor	35 잠시 동안의
11 laundry	36 확신시키다
12 cell	37 혐오
13 miner	38 여분의
14 employ	39 진실
15 force	40 철
16 immediately	41 떨어져
17 sum	42 급히 움직이다
18 lecture	43 휘파람
19 crisis	44 쏘다
20 decade	45 꽉 쥐어 짜다
21 fate	46 명예
22 artificial	47 제자리에 있다
23 indeed	48 이상적인
24 apply	49 통로
25 jaw	50 손상

B 우리말과 일치하도록 알맞은 영어단어를 써넣어 문장을 완성하시오.

1 The prisoner failed to _____ from the jail. 그 죄수는 감옥에서 탈출하는 데 실패했다.

2 All the _____s gathered for my uncle's wedding. 친척 모두가 삼촌의 결혼식을 위해 모였다.

3 You should _____ that it is all your fault. 그것이 모두 네 잘못이라는 것을 인정해야 해.

4 I like to read novels written in _____ English. 나는 쉬운 영어로 쓰여진 소설을 읽는 것을 좋아한다.

5 I'm _____ for what you have done for me. 네가 나에게 해준 것에 대해 고맙게 생각해.

6 Call this number in an _____. 비상 상황에서 이 번호로 전화하세요.

7 We will _____ a car to travel around Busan. 우리는 부산을 여행하기 위해 차를 빌릴 것이다.

8 Your hands feel as _____ as silk. 네 손은 실크처럼 부드러운 감촉이 나.

9 _____ your knowledge to solve this problem. 이 문제를 풀기 위해 당신의 지식을 활용하세요.

10 Kids are easily _____ed by online games. 아이들은 온라인 게임으로 쉽게 집중력이 흐트러진다.

11 The firefighter _____ed his life to save the child. 그 소방관은 아이를 구하기 위해 목숨을 걸었다.

12 The girl _____ed with relief. 그 여자아이는 안도하며 한숨을 내쉬었다.

13 I learned three languages in my _____. 나는 어린 시절에 세 개의 언어를 배웠다.

14 We will have a _____ event on Christmas Day. 우리는 크리스마스에 자선 행사를 열 것이다.

15 Children must not watch _____ movies. 아이들은 폭력적인 영화를 봐서는 안 된다.

16 _____ your palms together to produce heat. 열을 발생시키기 위해 손바닥을 함께 비벼 봐.

17 The old lady _____ed at the barking dog. 그 노부인은 짖는 개를 보며 찡그렸다.

18 Serving food to guests is our long _____. 손님에게 음식을 대접하는 것은 우리의 오랜 관습이다.

19 Sam _____ed in front of the pile of homework. Sam은 한 무더기의 숙제 앞에서 한숨을 쉬었다.

20 You can use your driver's license to _____ yourself. 운전면허증을 사용하여 신원을 밝힐 수 있다.

21 Sam and I _____ed into each other on the street. Sam과 나는 거리에서 마주쳤다.

22 Your wound should not be _____d to the air. 네 상처는 공기에 노출되어서는 안 돼.

23 This event is to _____ the Winter Olympics. 이 행사는 동계올림픽을 홍보하기 위한 것이다.

24 You are not fully _____ed yet. Stay in bed. 너는 아직 완전히 회복되지 않았어. 침대에 누워 있어.

25 This dog _____d the child from the flood. 이 개가 홍수로부터 그 아이를 구조했다.

C 문장에 들어갈 알맞은 단어를 고르시오.

1 The *Times* dealt with gimchi in a recent [column / supply / mass].

2 We made a Christmas star by [twisting / preventing / publishing] a long wire.

3 My mom always [performs / scolds / pursues] me for making a mess.

4 Scientists often spend nights working in a [planet / wound / laboratory].

5 I go swimming at a sports [concrete / principal / complex] near my house.

6 The ships were ready to leave the [trap / harbor / mess] at dawn.

7 Although many people might look healthy, nobody is [immune / moral / bare] to cancer.

8 After two days of heavy rain, the weather turned [terrific / depressed / medical].

9 My grandma [sewed / attracted / bounced] buttons on my shirt by hand.

10 The chef uses wood [expenses / chips / detail] when smoking fish.

11 There has been a [series / trunk / entry] of accidents at my school.

12 Don't worry. Your dream will [eventually / aboard / frankly] come true.

13 I'm wondering how Sam will [operate / react / bow] to my gift.

14 The girl wearing earphones [updated / blinked / tapped] her fingers on the desk.

15 Control your [state / population / nut] of mind so as not to make a mistake.

16 The park is public [fund / property / incident]. Use it freely but cleanly.

17 The color red is [associated / satisfied / preserved] with passion.

18 [Cells / Crops / Clay] is the main material used to make pottery.

19 Sometimes I [elect / fancy / unite] myself as a celebrity.

20 The poor family worked day and night to pay off the [brick / poison / debt].

21 The new French [insult / chef / version] makes the best steak in town.

22 Everyone was [major / exact / content] with my suggestion.

23 Fans try to [neglect / accomplish / imitate] their stars in every way.

24 The waiter is [considering / recovering / wiping] the cups with a dry cloth.

25 Climbing a [sum / cliff / factor] with a rope became a popular sport.

D 다음 문장의 빈칸에 공통으로 들어갈 단어를 고르시오.

1 • The student's perfect report card filled him with _____.
   • When Sam fell down, to keep his _____ he didn't cry.

   ① force   ② fear   ③ pride   ④ concept   ⑤ relative

2 • We cannot measure the _____ of friendship.
   • We learn the _____ of hard work not by studying but by doing.

   ① moral   ② value   ③ foundation   ④ agency   ⑤ flavor

3 • What do you _____ to do after you graduate?
   • We _____ed to help her, but we ruined her party instead.

   ① intend   ② contain   ③ embarrass   ④ fasten   ⑤ employ

4 • Korean students live in a world of very _____ competition.
   • I had to take a pill because of a _____ headache.

   ① fit   ② current   ③ medical   ④ remote   ⑤ severe

5 • The _____ clapped until the actors left the stage.
   • The _____ was excited to see her amazing performance.

   ① scratches   ② weapons   ③ disgust   ④ ranges   ⑤ audience

6 • Mr. Darcy looked at his face _____ed in the window.
   • The color white _____s all light.

   ① frighten   ② host   ③ attempt   ④ reflect   ⑤ risk

7 • _____ up your desk before your mom comes in.
   • How do you keep your room so _____?

   ① tidy   ② fit   ③ rush   ④ delicate   ⑤ compose

8 • British people cook and eat potatoes in _____ ways.
   • _____ methods can be applied to solve this problem.

   ① extinct   ② disabled   ③ various   ④ female   ⑤ private

9 • Stress is a major _____ affecting mental health.
   • A variety of _____s influenced the result of the experiment.

   ① fist   ② escape   ③ conduct   ④ factor   ⑤ finance

10 • Mr. Darcy _____d his son to learn to swim.
    • I was _____d to pursue my dream by my parents and teachers.

   ① consume   ② encourage   ③ pronounce   ④ deserve   ⑤ hire

Lesson

26

501 surgery
[ˈsɜːrdʒəri]

명 수술
- The man with heart problems underwent **surgery**.
  심장에 문제가 있는 그 남자는 수술을 받았다.
- The _____ went on for hours until midnight.
  그 수술은 자정까지 몇 시간 동안 계속되었다.

502 lawyer
[lɔ́ːjər]

명 변호사   law 명 법
- **Lawyers** defend their clients in a court of law.
  변호사들은 법정에서 자신의 고객들을 변호한다.
- John's dream to be a _____ finally came true.
  변호사가 되고자 하는 John의 꿈이 마침내 이루어졌다.

503 shut
[ʃʌt]
shut-shut-shut

동 (문 등을) 닫다   유 close
- **Shut** the door quietly after you come in.
  들어온 후에 조용히 문을 닫아.
+ shut down: 폐쇄하다
- The lack of money made the zoo _____ down.
  재정 부족으로 인해 그 동물원은 폐쇄되었다.

504 heal
[hiːl]

동 (상처 등이) 낫다, 낫게 하다   유 cure
- His knee injury from the fall took time to **heal**.
  떨어져서 생긴 그의 무릎 부상을 치료하는 데는 시간이 걸렸다.
- Jin prayed for a miracle to _____ her dad.
  Jin은 아빠를 낫게 하는 기적이 일어나기를 기도했다.

505 examine
[igzǽmin]

동 검토하다, 검사하다   examination 명 검사 유 check
- All the ideas will be **examined** to pick the best one.
  최고의 방안을 선정하기 위해 모든 방안들이 검토될 것이다.
- Doctors _____ their patients with many tools.
  의사는 많은 기구를 사용하여 환자를 진찰한다.

506 citizen
[sítizən]

명 시민, 주민
- There will be a big festival for all the **citizens** in May.
  5월에 모든 시민들을 위한 큰 축제가 있을 것이다.
- Senior _____s have many benefits like free meals.
  고령 시민들은 무료 급식과 같은 많은 혜택을 받는다.

507 surround
[səráund]

동 둘러싸다
- The hyenas **surrounded** the lion eating its prey.
  하이에나들이 먹이를 먹고 있는 사자를 둘러쌌다.
+ be surrounded by ~: ~에 둘러싸여 있다
- The house on the hill is _____ed by trees.
  언덕 위의 그 집은 나무로 둘러싸여 있다.

508 spin
[spin]
spin-spun-spun

(동) 돌다, 회전시키다   (명) 회전

- **Spinning** a top is an old game like flying a kite.
  팽이 돌리기는 연 날리기처럼 오래된 게임이다.
- Tennis players study the angle and _____ of the ball.
  테니스 선수들은 공의 각도와 회전을 연구한다.

509 atmosphere
[ǽtməsfiər]

(명) (지구의) 대기, 분위기

- The **atmosphere** of rural areas is very fresh.
  시골 지역의 공기는 매우 신선하다.
- I enjoy the Christmas _____ : snow, lights, and gifts.
  나는 눈, 불빛, 선물이 있는 크리스마스 분위기를 즐긴다.

510 dynamic
[dainǽmik]

(형) 움직임이 활발한, 계속 변하는, 활기찬

- The play was **dynamic**; it included lots of action in each scene.
  그 연극은 장면마다 많은 액션이 있어서 역동적이었다.
- Mr. Brown is a _____ teacher. His class is always interesting.
  Brown 씨는 활기찬 교사이다. 그의 수업은 항상 흥미롭다.

511 perhaps
[pərhǽps]

(부) 아마도, 어쩌면   (유) maybe

- **Perhaps** transferring is the best decision to avoid being bullied.
  어쩌면 전학이 따돌림에서 벗어날 최선의 결정일 수도 있다.
- _____ it will snow tomorrow. 아마도 내일 눈이 올 것이다.

512 crew
[kru:]

(명) 승무원, 선원

- The **crew** member showed us how to wear a life jacket.
  승무원이 구명조끼를 입는 법을 보여주었다.
- The ship's _____ was busy getting ready to sail.
  그 배의 선원들은 출항할 준비를 하느라 바빴다.

513 profession
[prəféʃən]

(명) (전문) 직업   professional (형) 전문적인   (유) occupation

- Mr. Green has been in the medical **profession** for 10 years.
  Green 씨는 10년 동안 의료계에 종사하고 있다.
- If you hate your _____, change it before it's too late.
  만일 당신이 본인의 직업을 싫어한다면 너무 늦기 전에 바꾸세요.

514 effective
[iféktiv]

(형) 효과적인   effect (명) 효과

- Using small boxes is an **effective** way to tidy your desk.
  작은 상자들을 사용하는 것은 책상을 정리하는 효과적인 방법이다.
- ➕ be effective in ~: ~에 효과적이다
- A warm bath is _____ in relieving stress.
  따뜻한 목욕은 스트레스를 푸는 데 효과적이다.

515 maintain
[meintéin]

(동) (어떤 상태를) 유지하다, 지키다   (유) keep

- Marathoners practice to **maintain** their speed during the race.
  마라톤 선수들은 경주 동안 속도를 유지하는 연습을 한다.
- It is not easy to _____ traditional houses.
  전통 가옥들을 유지하는 것은 쉽지 않다.

516 wealth
[welθ]

명 부, 재산   wealthy 형 부유한

- The singer gained **wealth** and fame with only one song.
  그 가수는 노래 한 곡으로 부와 명성을 얻었다.

  ✚ a wealth of ~: 풍부한 ~

- A _____ of experience will help you get a good job.
  풍부한 경험은 네가 좋은 직업을 갖는 데 도움이 될 거야.

---

517 cultivate
[kʌ́ltəvèit]

동 땅을 일구다, 재배하다

- After retiring, my dad started to **cultivate** his garden.
  은퇴 후에 아빠는 자신의 정원을 일구기 시작하셨다.

- Rice is _____ d in several areas of the world.
  쌀은 세계 여러 지역에서 재배된다.

---

518 appropriate
[əpróupriət]

형 (상황이나 목적에) 적절한, 적합한   반 inappropriate 부적절한   유 proper

- We have to wear **appropriate** clothes for a funeral.
  장례식에는 적합한 옷을 입어야 한다.

- Students' _____ responses make the class energetic.
  학생들의 적절한 반응은 수업을 활기차게 만든다.

---

519 interrupt
[ìntərʌ́pt]

동 방해하다, 끼어들다   유 disturb

- Sorry to **interrupt** you, but something urgent came up.
  방해해서 미안하지만, 긴급한 일이 발생했어.

- It is inappropriate to _____ a conversation suddenly.
  갑자기 대화에 끼어드는 것은 적절하지 못하다.

---

520 logic
[ládʒik]

명 논리   logical 형 논리적인

- I can't understand the **logic** of the scientist's theory.
  나는 그 과학자가 제시한 이론의 논리를 이해할 수 없다.

- Mr. Darcy's _____ is very simple, but persuasive.
  Darcy 씨의 논리는 아주 단순하지만 설득력이 있다.

Check Up 정답 p.181

Ⓐ 다음 영어단어의 우리말을 쓰시오.

1 crew _____

2 appropriate _____

3 atmosphere _____

4 interrupt _____

5 cultivate _____

6 citizen _____

7 profession _____

8 logic _____

B 다음 영어단어와 비슷한 의미를 가진 것을 보기 에서 찾아 쓰시오.

1 examine → _____

2 perhaps → _____

3 shut → _____

> 보기
> **check**
> **close**
> **maybe**

C 우리말과 일치하도록 알맞은 영어단어를 써넣어 문장을 완성하시오.

1 The hyenas _____ed the lion eating its prey.
하이에나들이 먹이를 먹고 있는 사자를 둘러쌌다.

2 The _____ went on for hours until midnight.
그 수술은 자정까지 몇 시간 동안 계속되었다.

3 The singer gained _____ and fame with only one song.
그 가수는 노래 한 곡으로 부와 명성을 얻었다.

4 _____ it will snow tomorrow.
아마도 내일 눈이 올 것이다.

5 _____s defend their clients in a court of law.
변호사들은 법정에서 자신의 고객들을 변호한다.

6 The play was _____; it included lots of action in each scene.
그 연극은 장면마다 많은 액션이 있어서 역동적이었다.

7 Jin prayed for a miracle to _____ her dad.
Jin은 아빠를 낫게 하는 기적이 일어나기를 기도했다.

8 _____ning a top is an old game like flying a kite.
팽이 돌리기는 연 날리기처럼 오래된 게임이다.

9 Using small boxes is an _____ way to tidy your desk.
작은 상자들을 사용하는 것은 책상을 정리하는 효과적인 방법이다.

10 Marathoners practice to _____ their speed during the race.
마라톤 선수들은 경주 동안 속도를 유지하는 연습을 한다.

D 밑줄 친 부분을 바르게 고쳐 문장을 다시 쓰시오.

1 The house on the hill is surrounded at trees.

→ _____

2 A warm bath is effective about relieving stress.

→ _____

521 defense
[diféns]

명 방어, 수비

defend 통방어하다 반offense 공격

- Insects have a **defense** system, such as using poison.
  곤충은 독을 사용하는 것과 같은 방어 시스템을 갖고 있다.
- Good job! Thanks to your awesome ⬚⬚⬚⬚ we won!
  잘했어! 네 멋진 수비 덕에 우리가 이겼어!

522 lid
[lid]

명 뚜껑

- My hands are wet. Can you open this **lid** for me?
  내 손이 젖었네. 병뚜껑 좀 열어 주겠니?
- The ⬚⬚⬚⬚ of a tumbler keeps the liquid warm longer.
  텀블러의 뚜껑은 액체를 더 오랫동안 따뜻하게 유지시킨다.

523 silk
[silk]

명 비단, 실크

- **Silk** is used to make a variety of clothes and carpets.
  실크는 다양한 의류와 카펫을 만드는 데 사용된다.
- A baby's skin is truly as smooth as ⬚⬚⬚⬚.
  아기의 피부는 정말 비단처럼 부드럽다.

524 ingredient
[ingrí:diənt]

명 (요리 등의) 재료

- Flour is the main **ingredient** used in making bread.
  밀가루는 빵을 만드는 데 쓰이는 주재료이다.
- The chef uses fresh ⬚⬚⬚⬚s to make tasty food.
  그 요리사는 맛있는 음식을 만들기 위해 신선한 재료들을 사용한다.

525 cast
[kæst]
cast-cast-cast

동 던지다 명 (영화 등의) 출연진, 깁스

유throw 던지다

- The fisherman **cast** a special net to catch the magic fish.
  그 어부는 마법 물고기를 잡기 위해 특별한 그물을 던졌다.
- Sam broke his left leg, so it is in a ⬚⬚⬚⬚.
  Sam은 왼쪽 다리가 부러져서 거기에 깁스를 했다.

526 clue
[klu:]

명 단서, 실마리

➕ clue to ~: ~에 대한 단서

- The detective was looking for **clues** to the case.
  형사는 그 사건에 대한 단서를 찾아 다니고 있었다.
- Fossils provide important ⬚⬚⬚⬚s about the ancient world.
  화석은 고대 세계에 관한 중요한 실마리들을 제공한다.

527 crime
[kraim]

명 범죄

criminal 명범죄자

- Nothing important was found at the **crime** scene.
  중요한 그 어떤 것도 범죄 현장에서 발견되지 않았다.

➕ commit a crime: 범죄를 저지르다

- The man is in jail for a ⬚⬚⬚⬚ he didn't commit.
  그 남자는 자신이 저지르지 않은 범죄로 인해 감옥에 있다.

528 stare
[stɛər]

동 (빤히) 쳐다보다, 응시하다

✚ stare at ~: ~을 응시하다

- It is rude to **stare** at someone who you meet for the first time.
  처음 만난 사람을 빤히 쳐다보는 것은 무례하다.
- The infant   d at the bug crawling on the wall.
  아기는 벽 위를 기어가고 있는 벌레를 응시했다.

529 tide
[taid]

명 밀물과 썰물, 조수

- The fishermen know when the **tide** comes in and goes out.
  그 어부들은 바닷물이 언제 들어오고 나가는지 안다.
- Some countries use   s for energy.
  에너지를 얻으려고 조수를 이용하는 나라들도 있다.

530 detect
[ditékt]

동 (알아내기 힘든 것을) 알아내다, 발견하다   detective 명 형사

- A driverless car uses many devices to **detect** things ahead.
  무인자동차는 앞에 있는 것들을 알아내기 위해 많은 장치를 이용한다.
- Some animals can   earthquakes in advance.
  지진을 미리 감지할 수 있는 동물들도 있다.

531 misunderstand
[mìsʌndərstǽnd]

misunderstand-
misunderstood-
misunderstood

동 오해하다

- We will talk directly to avoid **misunderstanding** each other.
  우리는 서로 오해하는 것을 방지하기 위해 직접 이야기할 것이다.
- Text messages are easy to   . 문자 메시지는 오해하기 쉽다.

532 soak
[souk]

동 (액체 속에) 담그다, 흠뻑 적시다

- **Soak** yourself in warm water for 20 minutes. 20분 동안 따뜻한 물에 몸을 담궈.
- The flowers were   ed in the rain. 꽃들이 비에 흠뻑 젖었다.

533 raw
[rɔ:]

형 날것의, 익히지 않은, 가공되지 않은   반 cooked 요리된

- Eating **raw** fish in summer can cause food poisoning.
  여름에 회를 먹는 것은 식중독을 유발할 수 있다.
- Most vegetables can be eaten   or cooked.
  대부분의 채소들은 날것으로 먹거나 요리해서 먹을 수 있다.

534 function
[fʌ́ŋkʃən]

명 기능, 역할   동 (제대로) 작동하다, 역할을 하다

- The main **function** of a family is to take care of its members.
  가족의 주 기능은 구성원들을 돌보는 것이다.

✚ function as ~: ~의 역할을 하다

- I want a sofa that can also   as a bed.
  나는 침대로도 쓸 수 있는 소파를 갖고 싶다.

535 measure
[mézər]

동 (치수·양 등을) 측정하다   명 조치

- How do we **measure** the temperature of the sun?
  우리는 어떻게 태양의 온도를 측정할까?

✚ take measures: 조치를 취하다

-          s should be taken to reduce the fine dust.
  미세먼지를 줄이기 위한 조치가 취해져야 한다.

536 worth
[wəːrθ]

(형) ~의/~할 만한 가치가 있는   (명) 가치, 값어치

(유) value 가치

➕ worth+동사원형-ing: ~할 가치가 있는

- The books that my teacher recommended are **worth** reading.
  선생님이 추천해주신 책들은 읽을 만한 가치가 있다.
- The winner will get one hundred dollars   of prizes.
  우승자는 100달러 값어치의 상품을 받게 될 것이다.

---

537 satellite
[sǽtəlàit]

(명) 인공위성, 위성

- The **satellites** that travel around Earth perform many functions.
  지구 주변을 떠다니는 인공위성들은 많은 역할을 수행한다.
- The moon is the Earth's only natural   .
  달은 지구의 유일한 자연 위성이다.

---

538 approve
[əprúːv]

(동) (공식적으로) 승인하다, 찬성하다

approval (명) 승인, 허가

- Our principal **approved** the suggestion to build a cafeteria.
  교장 선생님은 급식실을 짓자는 제안을 승인하셨다.

➕ approve of ~: ~을 찬성하다

- My parents   d of me traveling by myself.
  부모님은 내가 혼자 여행가는 것을 찬성하셨다.

---

539 emerge
[imə́ːrdʒ]

(동) 나타나다, 모습을 드러내다

(유) come out, appear

- The diver **emerged** from the sea with a basket of seaweed.
  잠수부는 해초 한 바구니를 가지고 바다에서 나왔다.
- When it clears up, the sun will   soon.
  날이 개면 해가 곧 모습을 드러낼 것이다.

---

540 origin
[ɔ́(ː)ridʒin]

(명) 기원, 유래

original (형) 원래의, 독창적인

- The **origins** of many English words are Latin, Greek, and French.
  많은 영어 단어들의 기원은 라틴어, 그리스어와 프랑스어이다.
- The   of Mother's Day goes back to ancient Greece.
  어머니 날의 유래는 고대 그리스로 거슬러 올라간다.

Check Up 정답 p.181

A 다음 영어단어의 우리말을 쓰시오.

1 approve	_____	2 satellite	_____
3 defense	_____	4 origin	_____
5 soak	_____	6 tide	_____
7 detect	_____	8 ingredient	_____

B 다음 영어단어와 비슷한 의미를 가진 것을 보기 에서 찾아 쓰시오.

1 worth → _____

2 emerge → _____

3 cast → _____

보기 appear
value
throw

C 우리말과 일치하도록 알맞은 영어단어를 써넣어 문장을 완성하시오.

1 Fossils provide important _____s about the ancient world.
화석은 고대 세계에 관한 중요한 실마리들을 제공한다.

2 A baby's skin is truly as smooth as _____.
아기의 피부는 정말 비단처럼 부드럽다.

3 The winner will get one hundred dollars _____ of prizes.
우승자는 100달러 값어치의 상품을 받게 될 것이다.

4 My hands are wet. Can you open this _____ for me?
내 손이 젖었네. 병뚜껑 좀 열어 주겠니?

5 How do we _____ the temperature of the sun?
우리는 어떻게 태양의 온도를 측정할까?

6 Nothing important was found at the _____ scene.
중요한 그 어떤 것도 범죄 현장에서 발견되지 않았다.

7 The infant _____d at the bug crawling on the wall.
아기는 벽 위를 기어가고 있는 벌레를 응시했다.

8 The main _____ of a family is to take care of its members.
가족의 주 기능은 구성원들을 돌보는 것이다.

9 Most vegetables can be eaten _____ or cooked.
대부분의 채소들은 날것으로 먹거나 요리해서 먹을 수 있다.

10 Text messages are easy to _____.
문자 메시지는 오해하기 쉽다.

D 밑줄 친 부분을 바르게 고쳐 문장을 다시 쓰시오.

1 It is rude to stare in someone who you meet for the first time.

→ _____

2 The books that my teacher recommended are worth read.

→ _____

34

541 department 몧 (조직의) 부서/과, 매장
[dipáːrtmənt]

- The health **department** started the hand-washing campaign.
  보건부는 손 씻기 캠페인을 시작했다.
- The children's _____ was crowded on Children's Day.
  어린이날에 아동용품 매장은 붐볐다.

542 link 몧 연결, 관계 몸 연결하다 유 connection 연결
[liŋk]

- There is a strong historical **link** between Korea and Japan.
  한국과 일본 사이에는 강한 역사적 연결고리가 있다.
  + be linked to ~: ~와 연결되다
- Smartphones can be _____ed to a computer wirelessly.
  스마트폰은 컴퓨터와 무선으로 연결될 수 있다.

543 site 몧 (건물 등이 있었던·생길) 곳, 터
[sait]

- This is the **site** where the Silla Kingdom built its castle.
  이곳은 신라가 궁전을 지었던 장소이다.
- Wear a helmet before entering the construction _____.
  공사 현장에 들어가기 전에 헬멧을 착용하세요.

544 slave 몧 노예
[sleiv]

- Martin Luther King Jr. risked his life to free **slaves** in the U.S.
  마틴 루터 킹 주니어 목사는 미국에서 노예들을 해방시키는 데 자신의 목숨을 걸었다.
- Sadly, _____s were bought and sold in the market.
  애석하게도 노예들은 시장에서 사고 팔렸다.

545 relate 몸 연관되다, 관련시키다 relation 몧 관계, 관련
[riléit]

- Some people claim that math and music are closely **related**.
  수학과 음악이 밀접하게 연관되어 있다고 주장하는 사람들도 있다.
  + be related to ~: ~와 관련되다
- Most human illness is _____d to stress.
  인간이 갖는 병의 대부분이 스트레스와 관련이 있다.

546 discover 몸 알아내다, 발견하다/찾아내다 discovery 몧 발견 유 find out 알아내다
[diskʌ́vər]

- The scientist **discovered** a virus that makes people stupid.
  그 과학자는 사람을 멍청하게 만드는 바이러스를 알아냈다.
- The treasure was _____ed on an island.
  그 보물은 한 섬에서 발견되었다.

547 electric 형 전기를 이용하는, 전기의 electricity 몧 전기
[iléktrik]

- We will see many **electric** cars on the road in the near future.
  가까운 시일 안에 우리는 도로에서 많은 전기차를 보게 될 것이다.
- Turn off the _____ fan before you go to bed.
  자기 전에 선풍기를 끄도록 해.

548 stuff
[stʌf]

명 (물질·물건·생각·일 등의) 것 　유 thing

- Would you watch my **stuff** while I'm away for a while?
  제가 잠시 자리를 비우는 동안에 제 물건 좀 봐주실래요?
- Sam, what's the black _____ on the rug?
  Sam, 깔개 위에 저 시커먼 것은 무엇이니?

549 anchor
[ǽŋkər]

명 (배의) 닻, (뉴스의) 앵커　동 닻을 내리다, 정박하다

- Jin's dream is to become the 9 o'clock news **anchor**.
  Jin의 꿈은 9시 뉴스의 앵커가 되는 것이다.
- Heavy rain forced us to _____ the ship in the nearest port.
  폭우로 우리는 가장 가까운 항구에 배를 정박해야 했다.

550 device
[diváis]

명 장치, 기구

- Is there a **device** to stop people from snoring?
  코 고는 것을 멈추게 하는 기구가 있니?
- Good _____s should be convenient to use.
  좋은 기구들이란 사용하기에 편리해야 한다.

551 multiply
[mʌ́ltəplài]

동 곱하다, 크게 증가하다　유 increase 증가하다

- If you **multiply** three by three, you get nine.
  3에 3을 곱하면 9가 된다.
- Mosquitoes _____ in the rainy season.
  장마철에는 모기들이 급격히 많아진다.

552 solution
[səljúːʃən]

명 해결책　solve 동 해결하다

- Don't wait for a problem. Find a **solution** right away.
  문제를 그냥 참고 있지 마. 당장 해결책을 찾아봐.
- Finally, we found a _____ to the problem.
  마침내 우리는 그 문제에 대한 해결책을 찾아냈다.

553 fame
[feim]

명 명성, 유명세　famous 형 유명한

- Sarah Chang has worldwide **fame** as a violinist.
  사라 장은 바이올린 연주자로서 세계적인 명성을 갖고 있다.
- After the singer won _____, he had no private life.
  그 가수는 유명세를 얻고 난 후, 사생활이 없어졌다.

554 liquid
[líkwid]

명 액체　형 액체 형태의　유 fluid

- Water can be in three forms: gas, **liquid**, and solid.
  물은 기체, 액체, 고체라는 세 가지 형태로 존재할 수 있다.
- _____ soap is replacing bar soap in public places.
  액상 비누는 공공장소에서 고체 막대형 비누를 대체하고 있디.

555 method
[méθəd]

명 방법　유 way

- Brainstorming is an effective **method** to come up with ideas.
  브레인스토밍은 아이디어를 떠올리는 데 있어 효과적인 방법이다.
- What is the best _____ of learning math?
  수학을 배우는 최선의 방법은 무엇일까?

556 release
[rilí:s]

(동) (사람·사물을) 풀어주다, (정보 등을) 공개하다, (영화 등을) 출시하다

- The dolphin was **released** to the sea after it was treated.
  그 돌고래는 치료 후에 바다로 풀려났다.
- The movie will be   d earlier than we expected.
  그 영화는 우리가 예상했던 것보다 더 일찍 개봉될 것이다.

---

557 predict
[pridíkt]

(동) 예측하다, 전망하다   prediction (명) 예측

- No one can **predict** where the tornado is heading.
  아무도 토네이도가 어디로 향할지 예측할 수 없다.
- The professor   s that the price of oil will go up.
  그 교수는 기름 가격이 오를 거라고 전망한다.

---

558 architecture
[á:rkitèktʃər]

(명) 건축, 건축 양식   architect (명) 건축가

- Chicago shows the essence of modern **architecture**.
  시카고는 현대 건축의 진수를 보여 준다.
- Many museums use classical Greek   .
  많은 박물관들이 고대 그리스 건축 양식을 사용한다.

---

559 essential
[əsénʃəl]

(형) 필수적인/없어서는 안 되는, 근본적인

- Water and air are **essential** for all life on Earth.
  물과 공기는 지구상의 모든 생명체에게 없어서는 안 되는 것들이다.
- Trust is   in a relationship.
  신뢰는 관계를 맺는 데 있어 근본이 되는 것이다.

---

560 physics
[fíziks]

(명) 물리학

- The laws of **physics** are a headache to many students.
  물리학 법칙들은 많은 학생들에게 골칫거리이다.
-        is essential to the understanding of nature.
  물리학은 자연을 이해하는 데 있어 필수적이다.

Check Up   정답 p.181

A 다음 영어단어의 우리말을 쓰시오.

1 physics	_____	2 device	_____
3 architecture	_____	4 release	_____
5 electric	_____	6 relate	_____
7 anchor	_____	8 department	_____

B 다음 영어단어와 비슷한 의미를 가진 것을 보기 에서 찾아 쓰시오.

1 stuff   → _____

2 method   → _____

3 multiply   → _____

보기   **way**
increase
thing

C 우리말과 일치하도록 알맞은 영어단어를 써넣어 문장을 완성하시오.

1 No one can _____ where the tornado is heading.
아무도 토네이도가 어디로 향할지 예측할 수 없다.

2 After the singer won _____, he had no private life.
그 가수는 유명세를 얻고 난 후, 사생활이 없어졌다.

3 Sadly, _____s were bought and sold in the market.
애석하게도 노예들은 시장에서 사고 팔렸다.

4 Water and air are _____ for all life on earth.
물과 공기는 지구상의 모든 생명체에게 없어서는 안 되는 것들이다.

5 There is a strong historical _____ between Korea and Japan.
한국과 일본 사이에는 강한 역사적 연결고리가 있다.

6 Water can be in three forms: gas, _____, and solid.
물은 기체, 액체, 고체라는 세 가지 형태로 존재할 수 있다.

7 What is the best _____ of learning math?
수학을 배우는 최선의 방법은 무엇일까?

8 This is the _____ where the Silla Kingdom built its castle.
이곳은 신라가 궁전을 지었던 장소이다.

9 Finally, we found a _____ to the problem.
마침내 우리는 그 문제에 대한 해결책을 찾아냈다.

10 The treasure was _____ed on an island.
그 보물은 한 섬에서 발견되었다.

D 밑줄 친 부분을 바르게 고쳐 문장을 다시 쓰시오.

1 Most human illness is related from stress.

→ _____

2 Smartphones can be linked by a computer wirelessly.

→ _____

35

---

561 **diligent**
[dílidʒənt]

형 성실한, 부지런한   diligence 명 성실   반 lazy 게으른

- Jin always completes her job first. She is a **diligent** student.
  Jin은 항상 자신이 할 일부터 끝마친다. 그녀는 성실한 학생이다.
- Being _____ is essential for success.
  부지런함은 성공을 위해 필수적이다.

---

562 **load**
[loud]

명 짐   동 (짐·사람을) 싣다

- Camels are useful for carrying heavy **loads** in a desert.
  낙타는 사막에서 무거운 짐을 나르는 데 유용하다.
- The people will _____ the ship and leave the port.
  그 사람들은 배에 화물을 싣고 항구를 떠날 것이다.

---

563 **smoke**
[smouk]

명 연기   동 담배를 피우다, 연기를 내다

- The **smoke** from the fire made it difficult to breathe.
  그 불에서 나오는 연기가 숨을 쉬기 어렵게 했다.
- My dad hasn't _____d for the last five years.
  아빠는 지난 5년간 담배를 피우지 않으셨다.

---

564 **soul**
[soul]

명 영혼, 마음

- Religious people believe that humans have a **soul**.
  종교인들은 인간이 영혼을 갖고 있다고 믿는다.
- Mother Teresa loved all of us deep in her _____.
  테레사 수녀님은 마음 깊은 곳에서 우리 모두를 사랑하셨다.

---

565 **fearful**
[fíərfəl]

형 두려워하는, 무서운   fear 명 두려움

➕ be fearful of ~: ~을 두려워하다

- Many people are **fearful** of insects like cockroaches.
  많은 사람들이 바퀴벌레와 같은 벌레들을 두려워한다.
- The _____ dream kept me awake all night.
  그 무서운 꿈이 내가 밤새도록 깨어 있게 했다.

---

566 **devote**
[dívóut]

동 시간이나 노력 등을 쏟다, 바치다

➕ devote A to B: A를 B에 바치다

- Mr. Davis **devoted** all his life to finding a cure for the flu.
  Davis 씨는 독감 치료제를 찾아내는 데 자신의 일생을 바쳤다.
- My mom _____d all her time to me and my brother.
  엄마는 나와 남동생을 위해 일생을 바치셨다.

---

567 **reward**
[riwɔ́ːrd]

명 대가, 보상   동 대가를 주다   rewarding 형 보람 있는

- Prizes or praises are **rewards** for your hard work.
  상이나 칭찬은 열심히 한 것에 대한 보상이다.

➕ be rewarded for ~: ~에 대한 보상을 받다

- You will be _____ed for your good behavior.
  너는 네가 한 선행에 대해 보상을 받을 것이다.

568 evidence
[évidəns]

(명) 증거, 근거   evident (형)명백한   (유) proof

- There is little **evidence** that aliens really exist.
  외계인이 실제로 존재한다는 증거는 거의 없다.
- You need _____ to support your claim.
  네 주장을 뒷받침할 근거가 있어야 해.

569 merchant
[mə́:rtʃənt]

(명) 무역상, 상인   (유) trader

- In ancient times, **merchants** could trade through the Silk Road.
  고대에 무역상들은 비단길을 통해 교역할 수 있었다.
- Have you ever read the play The _____ of Venice?
  '베니스의 상인'이라는 희곡을 읽어 본 적이 있니?

570 duty
[djú:ti]

(명) 관세, 의무, 임무   (유) responsibility 임무

- The government imposes **duties** on imported goods.
  정부는 수입 제품에 관세를 부과한다.
- My _____ at home is to walk the dog every day.
  집에서의 내 임무는 매일 개를 산책시키는 것이다.

571 negative
[négətiv]

(형) 나쁜, 부정적인   (반) positive 긍정적인

- Anger has a **negative** effect on mental health.
  분노는 정신 건강에 나쁜 영향을 준다.
- They showed a _____ response to my idea.
  그들은 내 생각에 부정적인 반응을 보였다.

572 spare
[spɛər]

(형) (현재 쓰지 않아서) 남는, 여분의   (동) 살려주다   (유) extra 여분의

- Take some **spare** clothes when you go camping.
  캠핑을 갈 때 여분의 옷을 좀 가지고 가.
- King Solomon killed the criminal but _____d his son.
  솔로몬 왕은 그 범죄자를 죽였지만 그의 아들은 살려주었다.

573 replace
[ripléis]

(동) (다른 사람·사물을) 대신하다, 교체하다   (유) take the place of 대신하다

- Robots will **replace** many factory workers sooner or later.
  로봇은 조만간 많은 공장 노동자를 대신할 것이다.
  ✛ replace A with B: A를 B로 교체하다
- We decided to _____ the gym with a swimming pool.
  우리는 체육관을 수영장으로 교체하기로 결정했다.

574 motion
[móuʃən]

(명) 움직임, 동작, 몸짓

- Do not get on or off the train when it is still in **motion**.
  기차가 움직이고 있을 때는 타거나 내리지 마시오.
- I watched the slow _____ video to see my batting moves.
  나는 내 타격 동작을 보려고 슬로 모션(느린 동작) 비디오를 봤다.

575 occasion
[əkéiʒən]

(명) (특정한) 때, 행사

- Sam is funny. On one **occasion**, he danced on his desk.
  Sam은 재미있다. 한번은 자기 책상 위에 올라가서 춤을 췄다.
- There are many _____s to celebrate in May.
  5월에는 기념할 행사가 많이 있다.

576 represent
[rèprizént]

동 (단체 등을) 대표하다/대변하다, (사물·기호 등이) 나타내다/의미하다

- The class captain **represents** the class on many occasions.
  반장은 많은 경우에서 그 반을 대표한다.
- Cave paintings   many activities of ancient times.
  동굴 벽화는 먼 옛날에 있었던 많은 활동들을 보여준다.

577 addict
[ǽdikt]

명 중독자   동 중독되게 하다 [ədíkt]   addictive 형 중독성 있는   addicted 형 중독된

- During exam time, many students become coffee **addicts**.
  시험 기간에는 많은 학생들이 커피 중독자가 된다.

  ✚ be addicted to ~: ~에 중독되다

- Sam was   ed to online gaming.
  Sam은 온라인 게임에 중독되었다.

578 conflict
[kánflikt]

명 갈등, 충돌   동 서로 어긋나다, 모순되다 [kənflíkt]

- The new club leader is in **conflict** with the club members.
  동아리의 새 리더는 회원들과 갈등을 겪고 있다.
- Having long hair   s with the school rules.
  긴 머리를 하는 것은 교칙에 어긋난다.

579 industry
[índəstri]

명 산업, (특정 분야의) ~업   industrial 형 산업의

- As **industry** develops, people are spending more.
  산업이 발전해감에 따라 사람들은 더 많은 소비를 하고 있다.
- The film   has been growing worldwide.
  영화 산업은 세계적으로 성장하고 있다.

580 specific
[spəsífik]

형 특정한, 구체적인/명확한   반 general 일반적인   유 particular 특정한

- Use these **specific** plastic bags when you throw trash away.
  쓰레기를 버릴 때는 이 특정한 비닐봉지를 사용하세요.
- Give me a   reason for your absence yesterday.
  어제 결석에 대한 구체적인 이유를 대.

Check Up 정답 p.182

A 다음 영어단어의 우리말을 쓰시오.

1 diligent   2 addict

3 motion   4 negative

5 reward   6 merchant

7 occasion   8 industry

B 다음 영어단어와 비슷한 의미를 가진 것을 보기 에서 찾아 쓰시오.

1 spare → _____

2 specific → _____

3 evidence → _____

보기
proof
extra
particular

C 우리말과 일치하도록 알맞은 영어단어를 써넣어 문장을 완성하시오.

1 My _____ at home is to walk the dog every day.
집에서의 내 임무는 매일 개를 산책시키는 것이다.

2 My mom _____d all her time to me and my brother.
엄마는 나와 남동생을 위해 일생을 바치셨다.

3 Camels are useful for carrying heavy _____s in a desert.
낙타는 사막에서 무거운 짐을 나르는데 유용하다.

4 The class captain _____s the class on many occasions.
반장은 많은 경우에서 그 반을 대표한다.

5 The _____ from the fire made it difficult to breathe.
그 불에서 나오는 연기가 숨을 쉬기 어렵게 했다.

6 The new club leader is in _____ with the club members.
동아리의 새 리더는 회원들과 갈등을 겪고 있다.

7 Robots will _____ many factory workers sooner or later.
로봇은 조만간 많은 공장 노동자를 대신할 것이다.

8 Religious people believe that humans have a _____.
종교인들은 인간이 영혼을 갖고 있다고 믿는다.

9 There is little _____ that aliens really exist.
외계인이 실제로 존재한다는 증거는 거의 없다.

10 Many people are _____ of insects like cockroaches.
많은 사람들이 바퀴벌레와 같은 벌레들을 두려워한다.

D 밑줄 친 부분을 바르게 고쳐 문장을 다시 쓰시오.

1 We decided to replace the gym to a swimming pool.

→ _____

2 Sam was addicted of online gaming.

→ _____

Lesson 30

581 display
[displéi]
- 동 전시하다　명 전시, 진열　유 exhibit 전시하다
- Model robots were **displayed** at the science fair.
  모형 로봇들이 과학 박람회장에 전시되어 있었다.
- ✚ be on display: 진열되어 있다
- All my trophies are on _____ in the living room.
  내가 받은 모든 트로피들은 거실에 진열되어 있다.

582 male
[meil]
- 형 남자의, 수컷의　명 남자, 수컷　반 female 여자의, 여자
- **Male** peacocks are more colorful than female ones.
  수컷 공작새는 암컷보다 더 화려하다.
- The military service is a mandatory duty only to _____s in Korea.
  군복무가 한국에서는 남자들에게만 의무이다.

583 steal
[stiːl]
steal-stole-stolen
- 동 훔치다
- I think my wallet was **stolen** in the subway.
  제 생각에는 지갑을 지하철에서 도난당한 거 같아요.
- ✚ steal A from B: B에게서 A를 훔치다
- The homeless man tried to _____ bread from a kid.
  노숙자가 아이에게서 빵을 훔치려 했다.

584 whisper
[hwíspər]
- 동 속삭이다, 소근거리다　명 속삭임
- Don't **whisper**. Speak loudly so that everyone can hear you.
  속삭이지 마. 모두가 들을 수 있게 큰 소리로 말해.
- ✚ in a whisper: 귓속말로
- In this game, you should speak in a _____.
  이 게임에서 여러분은 귓속말로 속삭여야 합니다.

585 generous
[dʒénərəs]
- 형 (주는 것에) 너그러운/후한, 배려심이 있는　반 mean 못된
- The old lady is **generous** in sharing food with her neighbors.
  그 노부인은 이웃들과 음식을 나눠 먹는 것에 너그럽다.
- Your _____ donation will help many poor people.
  여러분의 관대한 기부가 많은 가난한 이들을 도울 것입니다.

586 earn
[əːrn]
- 동 (노력·행동에 대한 대가로 돈 등을) 얻다
- It was not given to me. I **earned** it by working hard.
  내가 그냥 받은 게 아니야. 내가 열심히 일해서 번 거야.
- Keep your promises. Then you can _____ people's trust.
  약속을 잘 지켜. 그러면 사람들의 신뢰를 얻을 수 있어.

587 experiment
[ikspérəmənt]
- 명 실험　동 실험하다　유 test
- They did an **experiment** to see if dogs can find gas leaks.
  그들은 개들이 가스 누출을 찾아낼 수 있는지 보려고 실험을 했다.
- It is cruel to _____ on animals for human benefit.
  인간의 이익을 위해 동물을 대상으로 실험하는 것은 잔인하다.

588 universe
[júːnəvəːrs]

® 우주

유 space

- How many planets do you think there are in the **universe**?
  우주에는 얼마나 많은 행성들이 있을 거라고 생각하니?
- What would the end of the _____ be like?
  우주의 끝은 어떤 모습일까?

---

589 appeal
[əpíːl]

® 호소, 매력 ⑧ 호소하다, 마음을 끌다

appealing ⑲마음을 끄는

- Many TV ads for donations make an **appeal** to pity.
  기부를 목적으로 하는 많은 텔레비전 광고는 동정심에 호소한다.

➕ appeal to A: A에게 호소하다

- The batter strongly _____ ed to the umpire.
  타자는 심판에게 강하게 호소했다.

---

590 disadvantage
[dìsədvǽntidʒ]

® 불리한 점, 단점

- Despite all our **disadvantages**, we won the championship.
  모든 열세에도 불구하고 우리는 우승했다.
- There are advantages and _____ s to school uniforms.
  교복에는 여러 장점과 단점이 있다.

---

591 nuclear
[njúːkliər]

⑲ 원자력의, 핵의

- People don't want **nuclear** power plants to be in their city.
  사람들은 자기가 사는 도시에 원자력 발전소가 있는 것을 원하지 않는다.
- How to deal with _____ waste has been a hot issue.
  핵 폐기물을 어떻게 처리할 것인지는 뜨거운 논쟁이 되어 왔다.

---

592 standard
[stǽndərd]

® (일반적으로 정해 놓은) 기준, 수준

- Modern **standards** of beauty are different from old ones.
  미의 현대적 기준은 과거의 기준과 다르다.
- George Washington set the _____ for all presidents.
  조지 워싱턴 대통령은 모든 대통령의 기준을 세웠다.

---

593 routine
[ruːtíːn]

® 일상, (대개 정해진 순서에 따라) 반복되는 일

- Studying English is a part of my daily **routine**.
  영어를 공부하는 것은 내 일상의 한 부분이다.
- One of my morning _____ s is watering the plants.
  내가 아침마다 하는 일 중 하나는 화초에 물을 주는 것이다.

---

594 passion
[pǽʃən]

® 열정

passionate ⑲열정적인

- Although she is old, Ms. Darcy teaches with **passion**.
  비록 나이가 들었지만 Darcy 씨는 열정을 가지고 가르친다.
- We support those who have a _____ for acting.
  우리는 연기에 열정을 가지고 있는 사람들을 지원한다.

---

595 occupation
[àkjəpéiʃən]

® 직업

유 job, profession

- Many artists have two or three **occupations** to make a living.
  많은 예술인들이 생계를 위해 두세 가지 직업을 가지고 있다.
- Construction work was traditionally considered as a male _____.
  건설 공사는 예로부터 남자들의 직업으로 여겨졌다.

596 resist
[rizíst]

⑧ (하고 싶은 것을) 참다, 맞서다/저항하다

• I ate the cake simply because I couldn't **resist** it.
나는 단순히 참을 수 없다는 이유로 그 케이크를 먹어버렸다.

• Teenagers tend to _____ orders from adults.
십대들은 어른들이 하는 지시에 저항하는 경향이 있다.

---

597 adopt
[ədápt]

⑧ 입양하다, (어떤 방법·생각 등을) 받아들이다/채택하다   adoption ⑲입양

• The fact that Sam was **adopted** is a secret to him.
Sam이 입양되었다는 사실은 그에게는 비밀이다.

• The school _____ed a new student training program.
그 학교는 새로운 학생 교육 프로그램을 채택했다.

---

598 consequence
[kánsəkwèns]

⑲ 결과   ⑨ result

• The spread of nuclear weapons will have serious **consequences**.
핵무기의 확산은 심각한 결과를 초래할 것이다.

• As a _____ of his injury, John couldn't join the game.
부상의 여파로 John은 경기에 합류할 수 없었다.

---

599 inspire
[inspáiər]

⑧ 영감을 주다, 열정을 불어넣다   inspiration ⑲영감

• The poem, *The Moon*, was **inspired** by a full moon in fall.
'The Moon'이라는 시는 가을에 뜬 보름달에 영감을 받은 것이다.

✚ inspire A to+동사원형: A가 ~하도록 격려하다

• Dr. Hawking _____d the audience to try harder in life.
호킹 박사는 청중들에게 더 열심히 노력하며 살라고 격려했다.

---

600 status
[stéitəs]

⑲ (사회적) 지위, (법적) 신분

• Social **status** is not important to be friends.
친구가 되는 데 있어 사회적 지위는 중요하지 않다.

• The caste system is based on four social _____es.
카스트 제도는 4가지 신분을 기반으로 한다.

Check Up 정답 p.182

Ⓐ 다음 영어단어의 우리말을 쓰시오.

1 steal _____   2 standard _____

3 generous _____   4 adopt _____

5 consequence _____   6 status _____

7 disadvantage _____ 8 nuclear _____

B 다음 영어단어와 비슷한 의미를 가진 것을 보기 에서 찾아 쓰시오.

1 experiment → _____

2 occupation → _____

3 universe → _____

보기 space
job
test

C 우리말과 일치하도록 알맞은 영어단어를 써넣어 문장을 완성하시오.

1 The batter strongly _____ed to the umpire.
타자는 심판에게 강하게 <u>호소했다</u>.

2 Model robots were _____ed at the science fair.
모형 로봇들이 과학 박람회장에 <u>전시되어</u> 있었다.

3 Although she is old, Ms. Darcy teaches with _____.
비록 나이가 들었지만 Darcy 씨는 <u>열정을</u> 가지고 가르친다.

4 The poem, *The Moon*, was _____d by a full moon in fall.
'The Moon'이라는 시는 가을에 뜬 보름달에 <u>영감을 받은</u> 것이다.

5 Don't _____. Speak loudly so that everyone can hear you.
<u>속삭이지 마</u>. 모두가 들을 수 있게 큰 소리로 말해.

6 It was not given to me. I _____ed it by working hard.
내가 그냥 받은 게 아니야. 내가 열심히 일해서 <u>번 거야</u>.

7 I ate all the cake simply because I couldn't _____ it.
나는 단순히 <u>참을 수 없다는</u> 이유로 그 케이크를 먹어버렸다.

8 _____ peacocks are more colorful than female ones.
<u>수컷</u> 공작새는 암컷보다 더 화려하다.

9 Studying English is a part of my daily _____.
영어를 공부하는 것은 내 <u>일상의</u> 한 부분이다.

10 How many planets do you think there are in the _____?
<u>우주에는</u> 얼마나 많은 행성들이 있을 거라고 생각하니?

D 밑줄 친 부분을 바르게 고쳐 문장을 다시 쓰시오.

1 All my trophies <u>are in display</u> in the living room.

→ _____

2 The homeless man tried to <u>steal bread at a kid</u>.

→ _____

Review

A 영어단어를 듣고 빈칸에 쓰시오. 그 다음, 해당 단어의 우리말을 쓰시오. 37

1	➡		2	➡
3	➡		4	➡
5	➡		6	➡
7	➡		8	➡
9	➡		10	➡
11	➡		12	➡
13	➡		14	➡
15	➡		16	➡

B 다음 영어문장이 우리말과 일치하면 O, 그렇지 않으면 X를 쓰시오.

1 The flowers were soaked in the rain.
꽃들이 비에 흠뻑 젖었다. (   )

2 Having long hair devotes with the school rules.
긴 머리를 하는 것은 교칙에 어긋난다. (   )

3 It is cruel to experiment on animals for human benefit.
인간의 이익을 위해 동물을 대상으로 실험하는 것은 잔인하다. (   )

4 The books that my teacher recommended are worth reading.
선생님이 추천해주신 책들은 읽을 만한 가치가 있다. (   )

5 Mother Teresa loved all of us deep in her method.
테레사 수녀님은 마음 깊은 곳에서 우리 모두를 사랑하셨다. (   )

6 After retiring, my dad started to cultivate his garden.
은퇴 후에 아빠는 자신의 정원을 일구기 시작하셨다. (   )

7 Many museums use classical Greek architecture.
많은 박물관들이 고대 그리스 건축 양식을 사용한다. (   )

8 The batter strongly whispered to the umpire.
그 타자는 심판에게 강하게 호소했다. (   )

9 Insects have a raw system, such as using poison.
곤충은 독을 사용하는 것과 같은 방어 시스템을 갖고 있다. (   )

10 You will be rewarded for your good behavior.
너는 네가 한 선행에 대해 보상을 받을 것이다. (   )

C 다음 문장의 빈칸에 들어갈 알맞은 단어를 고르시오.

1 The _____ of a tumbler keeps the liquid warm longer.
  ① lawyer   ② crime   ③ slave   ④ lid   ⑤ satellite

2 There are many _____ to celebrate in May.
  ① origins   ② occasions   ③ anchors   ④ liquid   ⑤ physics

3 Some people claim that math and music are closely _____.
  ① approved   ② dynamic   ③ related   ④ examined   ⑤ displayed

4 We will talk directly to avoid _____ each other.
  ① maintaining   ② staring   ③ shutting   ④ examining ⑤ misunderstanding

5 Robots will _____ many factory workers sooner or later.
  ① replace   ② shut   ③ addict   ④ inspire   ⑤ spin

6 Senior _____ have many benefits like free meals.
  ① citizens   ② silk   ③ links   ④ stuff   ⑤ devices

7 The movie will be _____ earlier than we expected.
  ① interrupted   ② soaked   ③ devoted   ④ released   ⑤ stolen

8 Teenagers tend to _____ orders from adults.
  ① surround   ② multiply   ③ load   ④ display   ⑤ resist

9 The _____ of rural areas is very fresh.
  ① clue   ② atmosphere   ③ profession   ④ tide   ⑤ merchant

10 The military service is a mandatory duty only to _____ in Korea.
  ① crews   ② wealth   ③ males   ④ logic   ⑤ ingredients

11 The treasure was _____ on an island.
  ① conflicted   ② discovered   ③ predicted   ④ adopted   ⑤ appropriate

12 The government imposes _____ on imported goods.
  ① measures   ② passion   ③ profession   ④ status   ⑤ duties

13 One of my morning _____ is watering the plants.
  ① departments   ② motions   ③ disadvantages ④ routines ⑤ consequences

14 Using small boxes is an _____ way to tidy your desk.
  ① electric   ② dynamic   ③ effective   ④ worth   ⑤ raw

15 I want to buy a sofa that can also _____ as a bed.
  ① function   ② cast   ③ worth   ④ predict   ⑤ smoke

D 다음 영어 설명에 해당하는 단어를 보기 에서 찾아 쓰시오.

보기
| heal | earn | fame | diligent | lid |
| device | universe | crew | stare | fearful |

1 a machine that does a specific thing → _____

2 working hard in a careful way → _____

3 to become healthy again after an injury → _____

4 to get money for the work that you do → _____

5 the cover of a container that can be removed → _____

6 the state of being well-known → _____

7 the people who work on an airplane, a ship, etc. → _____

8 the whole of outer space including the stars, planets, etc. → _____

9 to look at someone or something directly → _____

10 frightened or being afraid of something → _____

E 다음 문장에 들어갈 알맞은 품사의 단어를 고르시오.

1 The basketball team has the best ⑲[defense / defend] strategy.

2 We discussed possible ⑲[solve / solutions] to the noise problems.

3 From this information, we can ⑧[predict / prediction] what will happen next.

4 Ms. Taylor owns many stores and ⑧[earns / earning] a lot of money.

5 In Korea, pigs mean ⑲[wealth / wealthy] and prosperity.

6 Sam is smart, ⑲[diligence / diligent], and nice to everyone.

7 ⑲[Electric / Electricity] devices are convenient but use much energy.

8 Eating regularly is an ⑲[effective / effect] way to lose weight.

9 My English teacher teaches us with ⑲[passionate / passion].

10 My mom ⑧[approval / approved] of our plan to have a party at home.

F 밑줄 친 부분과 의미가 비슷한 단어나 표현을 보기 에서 찾아 쓰시오.

> 보기
>
> | came out | found out | throw | close | responsibilities |
> |---|---|---|---|---|
> | take the place of | test | proof | increasing | maybe |

1 Recently we <u>discovered</u> that Sam and Tom are twin brothers. → _____

2 The scientist succeeded in his physics <u>experiment</u>. → _____

3 <u>Perhaps</u> we will have a white Christmas this year. → _____

4 <u>Cast</u> the dice twice and add the numbers. → _____

5 A young man will <u>replace</u> the injured worker. → _____

6 The submarine slowly <u>emerged</u> from the sea. → _____

7 Be sure to <u>shut</u> all the windows when it rains. → _____

8 The <u>duties</u> of a principal include keeping school facilities safe. → _____

9 These days, old people are <u>multiplying</u> in numbers. → _____

10 The detective found <u>evidence</u> to prove his crime. → _____

G 밑줄 친 부분이 어법에 맞으면 O, 그렇지 않으면 X를 쓰시오.

1 Herb teas <u>are very effective to treating</u> headaches. (   )

2 Eating regularly <u>is related to keep</u> you healthy. (   )

3 The <u>clue to the riddle</u> is in the riddle itself. (   )

4 The Bluetooth speaker also <u>functions as an alarm clock</u>. (   )

5 <u>I'm fearful to slippery animals</u> like snakes or worms. (   )

6 The model cars <u>are on display</u> in my room. (   )

7 The printer <u>is linked at this laptop computer</u>. (   )

8 Don't <u>stare me</u>. It's really rude. (   )

9 The country town <u>is surrounded at mountains</u>. (   )

10 The school <u>took measures</u> right away when the flu spread. (   )

Ⓐ 영어단어는 우리말로, 우리말은 영어단어로 바꿔 쓰시오.

1 shell	⊙	26 시골의	⊙
2 refuse	⊙	27 서서히	⊙
3 transfer	⊙	28 침략하다	⊙
4 employ	⊙	29 부착하다	⊙
5 layer	⊙	30 승인하다	⊙
6 generous	⊙	31 석탄	⊙
7 diligent	⊙	32 원래의 상태를 되찾다	⊙
8 bury	⊙	33 풍습	⊙
9 immediately	⊙	34 피해자	⊙
10 invest	⊙	35 정장	⊙
11 perhaps	⊙	36 연관되다	⊙
12 sort	⊙	37 규모	⊙
13 audience	⊙	38 실용적인	⊙
14 needle	⊙	39 친척	⊙
15 territory	⊙	40 성공	⊙
16 unite	⊙	41 대표하다	⊙
17 debate	⊙	42 기여하다	⊙
18 literature	⊙	43 기사	⊙
19 interrupt	⊙	44 이론	⊙
20 awesome	⊙	45 예측하다	⊙
21 earn	⊙	46 분수	⊙
22 rescue	⊙	47 격식에 얽매이지 않는	⊙
23 occasion	⊙	48 번창하다	⊙
24 discover	⊙	49 범죄	⊙
25 generation	⊙	50 경쟁하다	⊙

B 우리말과 일치하도록 알맞은 영어단어를 써넣어 문장을 완성하시오.

1 The hospital is famous for eye _____. 그 병원은 눈 수술로 유명하다.

2 I don't understand why Sam _____d like that. 나는 왜 Sam이 그렇게 행동했는지 이해가 안 된다.

3 Email is short for _____ mail. 이메일은 전자 메일을 줄인 말이다.

4 My dad made a perfect pizza on his first _____. 아빠는 첫 시도에서 매우 맛있는 피자를 만드셨다.

5 The actor _____ed fame and wealth all at once. 그 배우는 유명세와 부를 한 번에 얻었다.

6 I was _____ed by a big dog barking at me. 나는 나를 보며 짖는 큰 개에 소스라치게 놀랐다.

7 The ointment helps _____ the cut on your hand. 그 연고는 손에 난 베인 상처가 낫도록 돕는다.

8 The population _____ is a serious problem. 인구 감소는 심각한 문제이다.

9 Being diligent is the reason for his _____. 부지런함이 그의 성공의 이유이다.

10 Plain vanilla is my favorite _____ of yogurt. 플레인 바닐라는 내가 가장 좋아하는 요거트 맛이다.

11 It is our duty to pay _____es on our income. 수입에 대한 세금을 내는 것은 우리의 의무이다.

12 I'd like to _____ in the charity event. 저는 그 자선 행사에 참여하고 싶습니다.

13 Many species of plants are disappearing _____. 식물의 많은 종이 점차 사라지고 있다.

14 The _____ exhibit attracted many people. 그 연례 전시회는 많은 사람들을 끌어들였다.

15 Many children got sick _____ to the fine dust. 많은 아이들이 미세먼지로 인해 아프다.

16 We are sorry for the _____. 지연되어서 죄송합니다.

17 The device _____s in price from 100 to 200 dollars. 그 기구는 가격이 100에서 200달러에 이른다.

18 I got an _____ to join the soccer team. 나는 그 축구팀에 들어갈 기회를 얻었다.

19 There are many places _____ visiting in India. 인도에는 방문할 만한 가치가 있는 곳이 많다.

20 After climbing the mountain, I was _____ed. 등산 후에 나는 기진맥진했다.

21 The detective looked into the scene to find a _____. 그 형사는 단서를 찾으려 현장을 조사했다.

22 The president laid the _____ of the Korean economy. 그 대통령은 한국 경제의 토대를 쌓았다.

23 The ferry _____s from Busan to Osaka. 그 여객선은 부산에서 오사카까지 항해한다.

24 Urban areas have been polluted for _____s. 도시 지역은 수십 년 동안 오염되어왔다.

25 You can see _____ festivals in spring and autumn. 봄과 가을에는 다양한 축제를 볼 수 있다.

C 문장에 들어갈 알맞은 단어를 고르시오.

1 I went over [budget / resource / facility] again this month.

2 My dog likes to take a nap on my [lap / labor / grave].

3 It is polite to turn off your cellphone at a [priority / funeral / gender].

4 There is little [pride / evidence / escape] that aliens really exist.

5 It is not always easy to [encourage / refer / assemble] DIY furniture.

6 Biofuels have many [advantages / rates / terms] over fossil fuels.

7 The road along the [shore / emergency / planet] offers a great view for drivers.

8 Ms. Darcy [rubbed / assumed / roasted] a huge turkey for Thanksgiving Day.

9 Sam is in [damage / charge / exhibit] of looking after his baby sister after school.

10 When the detective found the boy, he was [bound / observed / bounced] to a table.

11 Bikes [claim / bump / vary] in size and price, so it is hard to pick one.

12 Traditionally, we used to keep soy sauce in a big [scene / jar / fist].

13 It is rude to [stare / deserve / arrange] at someone who you meet for the first time.

14 Somebody put a [incident / feature / bunch] of flowers on my desk.

15 White snowflakes fell on the [bare / rapid / internal] trees one by one.

16 I [extend / regret / compete] to tell you that you can't join this club.

17 With no way to escape, the people on the Titanic [requested / transported / drowned].

18 The movie [impressed / refused / opposed] the audience with its special effects.

19 The restaurant makes a salad with [organic / official / rough] vegetables.

20 Don't wait for a problem. Find a [target / solution / military] right away.

21 Colors affect our feelings. For [instance / charity / myth], green makes us feel relaxed.

22 The [bloom / bar / plot] graph shows the number of trees in each city.

23 The old lady is [generous / ancient / solar] in sharing food with her neighbors.

24 I want to [twist / wrap / apply] for the free learning program.

25 A warm bath is [accurate / annual / effective] in relieving stress.

D 다음 문장의 빈칸에 공통으로 들어갈 단어를 고르시오.

1 • Sam _____ ed into the classroom just before the bell rang.
   • Don't _____. We have plenty of time to finish the project.
   ① scold ② rent ③ abandon ④ rush ⑤ exist

2 • Convenience is the _____ reason for online shopping.
   • The _____ cause of the smog here is the gases from cars.
   ① moral ② primary ③ upper ④ rapid ⑤ smooth

3 • My dogs _____ to get my attention.
   • The best 20 students _____(e)d in the speech contest.
   ① encourage ② settle ③ combine ④ frown ⑤ compete

4 • Sam's _____ to the problem was slow but effective.
   • On the street, a beggar _____(e)d me and asked for food.
   ① disgust ② rent ③ host ④ approach ⑤ whistle

5 • This science project _____ a lot of time and concentration.
   • The teacher _____ us to memorize 20 words before class.
   ① requires ② squeezes ③ attempts ④ intends ⑤ exposes

6 • Sam _____s that Busan is the most beautiful city in Korea.
   • No one liked pizza, but my sister _____ed on it for a snack.
   ① assign ② fasten ③ insist ④ consider ⑤ neglect

7 • It's a _____ that no one wants you as a team member.
   • Marrying not for love but for money is a _____.
   ① shame ② quarter ③ barrier ④ tribe ⑤ network

8 • An easy way to improve your _____ is to wash regularly.
   • Many students focus too much on their _____.
   ① genre ② target ③ appearance ④ graduate ⑤ escape

9 • A positive _____ helps you deal with difficulties.
   • Be thankful for what you already have. That is a good _____.
   ① term ② attitude ③ damage ④ custom ⑤ theory

10 • In spring, sprouts _____ a lot of water and grow quickly.
   • Don't be too _____ed in online games. It is bad for your health.
   ① instruct ② transform ③ delay ④ attach ⑤ absorb

Answers

무료 다운로드 | www.ihappyhouse.co.kr

Lesson 1 Check Up .... pp. 8~9

A 1 의심, 의심하다   2 구입, 구입하다
   3 주요한, 전공, 전공하다   4 봉인, 물개, 밀봉하다
   5 강철   6 지진
   7 줄, 현   8 조각하다, 새기다

B 1 help   2 area   3 buy

C 1 mess   2 demand
   3 lack   4 advance
   5 concern   6 satisfy
   7 operate   8 scream
   9 Manage   10 extreme

D 1 Not everyone was satisfied with the field trip.
   2 The injured player managed to finish his game.

Lesson 2 Check Up .... pp. 12~13

A 1 부정하다, 부인하다   2 스토브, 난로, 화덕
   3 정치, 정계   4 제국
   5 마찬가지로, 또한   6 버리다, 포기하다
   7 공급하다, 제공하다, 공급   8 재료, 소재, 자료

B 1 choose   2 present   3 goal

C 1 detail   2 departure
   3 depressed   4 frame
   5 aim   6 injured
   7 dozen   8 fit
   9 mild   10 select

D 1 I have remembered the accident in detail for years.
   2 This old photo reminds me of my school days.

Lesson 3 Check Up .... pp. 16~17

A 1 간절히 바라는   2 생각하다, 가정하다
   3 몸을 기울이다, 기대다   4 차이, 간격, 틈
   5 가죽, 피혁   6 인구
   7 감소하다, 감소   8 진지한, 진심의

B 1 correct   2 attract   3 plan

C 1 medical   2 nephew
   3 depend   4 dust
   5 remote   6 maximum
   7 angle   8 exact
   9 brick   10 aboard

D 1 Teenagers are eager to go to their favorite singers' concert.
   2 Kids depend on their parents for food, clothing, and shelter.

Lesson 4 Check Up .... pp. 20~21

A 1 도덕적인, 교훈적인   2 무기
   3 기념일   4 운명, 숙명
   5 완전한, 절대적인   6 그물, 망
   7 비용, 지출   8 민주주의

B 1 keep   2 valuable   3 stop

C 1 scratch   2 orphan
   3 precious   4 slip
   5 translate   6 elect
   7 exist   8 swing
   9 glow   10 minimum

D 1 My teacher tells jokes to prevent us from falling asleep in class.
   2 Your homework is to translate this English story into Korean.

Lesson 5 Check Up .... pp. 24~25

A 1 경제   2 계정, 계좌
   3 수입, 소득   4 살아남다, 생존하다
   5 승객, 여객   6 잘 정리된, 깔끔한, 정리하다
   7 감사하다, 감상하다   8 원리, 원칙

B 1 main   2 additional   3 show

C 1 prison   2 extra
   3 army   4 concrete
   5 period   6 Moreover
   7 attract   8 mass
   9 insult   10 wound

D 1 A huge mass of people gathered for the concert.
   2 I was attracted by her warm heart.

Review .... pp. 26~29

A 1 dozen 12개, 12개의
   2 detail 구체적인 내용, 세부 사항
   3 dust 먼지, 티끌
   4 demand 요구하다, 수요, 요구

5 army 군대, 군
6 brick 벽돌
7 tidy 잘 정리된, 깔끔한, 정리하다
8 lean 몸을 기울이다, 기대다
9 frame 액자, 틀, 프레임
10 deny 부정하다, 부인하다
11 eager 간절히 바라는
12 glow 빛나다, 발개지다, 상기되다
13 weapon 무기
14 extra 여분의, 추가의
15 elect 선거를 통해 뽑다
16 fit 꼭 맞다, 적합하다

B 1 ○   2 ×   3 ○   4 ○   5 ×
   6 ×   7 ○   8 ○   9 ×   10 ○

C 1 ⑤   2 ②   3 ④   4 ①   5 ④
   6 ②   7 ④   8 ①   9 ③   10 ①
   11 ⑤   12 ②   13 ③   14 ③   15 ⑤

D 1 scream   2 gap
   3 orphan   4 nephew
   5 income   6 leather
   7 departure   8 earthquake
   9 passenger   10 anniversary

E 1 mess   2 Extreme
   3 Select   4 injured
   5 exact   6 exist
   7 depend   8 Translate
   9 survived   10 appreciate

F 1 buy   2 headmaster
   3 choose   4 provide
   5 in addition   6 genuine
   7 jail   8 fate
   9 stop   10 keep

G 1 ×   2 ○   3 ○   4 ×   5 ○
   6 ×   7 ○   8 ×   9 ○   10 ○

Lesson 6 Check Up ·········· pp.32~33

A 1 교향곡   2 해내다, 성취하다
   3 화학의, 화학적인, 화학물질   4 풍부한 양, 다량
   5 비상, 응급   6 매우 나쁜, 끔찍한
   7 방치하다, 게을리하다, 소홀히 하다
   8 영향, 영향력, 영향을 미치다

B 1 throw   2 watch   3 correct

C 1 rough   2 bay
   3 instant   4 progress
   5 accurate   6 rubber
   7 prove   8 nut
   9 chemical   10 fund

D 1 I'm considering moving to another school next year.
   2 Doctors tell us to drink plenty of water every day.

Lesson 7 Check Up ·········· pp.36~37

A 1 즐겁게 해주다   2 계획하다, 준비하다, 정리하다
   3 ~를 이루다, 구성하다, 작곡하다   4 줄거리, 구성, 음모
   5 성별, 성   6 4분의 1, 15분
   7 어색한, 곤란한, 다루기 힘든   8 ~에도 불구하고

B 1 honestly   2 wink   3 admit

C 1 trap   2 blink
   3 publish   4 annoyed
   5 promote   6 perform
   7 Nevertheless   8 system
   9 outgoing   10 grave

D 1 Frankly speaking, I told John the secret.
   2 The Philippines is composed of about 7,100 islands.

Lesson 8 Check Up ·········· pp.40~41

A 1 절망, 좌절   2 장벽, 장애물
   3 나무의 몸통, 코끼리의 코   4 추구하다, 밀고 나가다
   5 꽃, 꽃이 피는 시기, 꽃이 피다   6 반대하다, 못하게 하다
   7 망, 네트워크   8 장애가 있는

B 1 focus   2 whole   3 appropriate

C 1 strict   2 poison
   3 fear   4 rub
   5 locate   6 entire
   7 military   8 tag
   9 general   10 adapt

D 1 Thailand and Vietnam are located in Southeast Asia.
   2 I can't concentrate on studying when I'm too hungry.

Lesson 9 Check Up ·········· pp.44~45

A 1 설득하다   2 여자의, 암컷의, 여자, 암컷
   3 부족, 종족   4 튀다, 튀어 오르다, 튐

5 살펴보다, 훑어보다   6 책임이 있는
7 기분, 분위기   8 확신하는, 긍정적인, 호의적인, 낙관적인

B 1 clear   2 change   3 type

C 1 distract   2 struggle
3 target   4 tend
5 genre   6 rare
7 entry   8 consult
9 unit   10 planet

D 1 It's not me but Dad who is responsible for dinner today.
2 We tend to forget our duties and remember our rights.

Lesson 10 Check Up ⋯⋯⋯⋯⋯⋯ pp.48~49

A 1 참고하다, 언급하다   2 멸종된, 사라진
3 풍경, 장면, 현장   4 사건, 사고
5 주먹   6 용어, 기간
7 생각하다, 추정하다   8 보호하다, 유지하다, 보존하다

B 1 real   2 get away   3 mix

C 1 myth   2 pleasant
3 bow   4 value
5 update   6 graduate
7 damage   8 afford
9 private   10 actual

D 1 The parents can't afford to take care of their sick child.
2 The report says the killer escaped from prison this morning.

Review ⋯⋯⋯⋯⋯⋯⋯⋯⋯⋯⋯ pp.50~53

A 1 rubber 고무
2 rough 거친, 울퉁불퉁한, 힘든
3 observe 관찰하다, 지켜보다
4 female 여자의, 암컷의, 여자, 암컷
5 quarter 4분의 1, 15분
6 annoyed 짜증이 난
7 perform 수행하다, 공연하다
8 arrange 계획하다, 준비하다, 정리하다
9 rare 드문, 희귀한
10 strict 엄격한, 엄한
11 rub 문지르다, 비비다

12 persuade 설득하다
13 proper 적합한, 적절한
14 planet 행성
15 target 목표, 공격의 대상
16 prove ~을 증명하다

B 1 ○   2 ○   3 ✕   4 ○   5 ○
6 ✕   7 ✕   8 ○   9 ✕   10 ○

C 1 ①   2 ⑤   3 ④   4 ③   5 ①
6 ④   7 ①   8 ②   9 ⑤   10 ③
11 ②   12 ④   13 ③   14 ②   15 ⑤

D 1 plenty   2 toss
3 blink   4 gender
5 fear   6 entire
7 tribe   8 positive
9 bow   10 blend

E 1 consider   2 accurate
3 annoys   4 value
5 general   6 opposed
7 responsible   8 distract
9 graduated   10 private

F 1 moment   2 watch
3 tomb   4 in spite of
5 appropriate   6 whole
7 type   8 objective
9 mix   10 real

G 1 ○   2 ✕   3 ○   4 ○   5 ✕
6 ✕   7 ○   8 ✕   9 ✕   10 ○

누적 테스트 200 ⋯⋯⋯⋯⋯⋯⋯ pp.54~57

A 1 각도, 관점   26 nephew
2 솔직히   27 maximum
3 발전하다, 발전, 향상   28 region
4 절망, 좌절   29 rub
5 번역하다   30 empire
6 부정하다, 부인하다   31 moral
7 만   32 leather
8 지원, 보조기구, 지원하다, 돕다   33 instant
9 덩어리, 대량   34 steel
10 그물, 망   35 account
11 부족, 종족   36 fit
12 12개, 12개의   37 elect
13 교향곡   38 fund
14 선택하다, 선발하다   39 remind

15 어색한, 곤란한, 다루기 힘든　　40 expense
16 요구하다, 수요, 요구　　41 detail
17 관찰하다, 지켜보다　　42 trap
18 의심, 의심하다　　43 frame
19 꽃, 꽃이 피는 시기, 꽃이 피다　　44 plot
20 인구　　45 concern
21 바꾸다, 변경하다　　46 barrier
22 해내다, 관리하다　　47 myth
23 무덤　　48 likewise
24 최소, 최소한의　　49 dust
25 독, 독살하다　　50 exist

Ⓑ 1 outgoing　　2 depend
3 precious　　4 earthquake
5 graduate　　6 depressed
7 passenger　　8 decrease
9 Positive　　10 plenty
11 major　　12 fear
13 anniversary　　14 planet
15 purchase　　16 annoyed
17 period　　18 female
19 injured　　20 proper
21 appreciate　　22 prevent
23 private　　24 material
25 influence

Ⓒ 1 army　　2 bounces
3 deny　　4 suppose
5 performs　　6 bricks
7 principles　　8 entry
9 mess　　10 chemical
11 leaned　　12 arranged
13 mild　　14 rubber
15 swings　　16 disabled
17 carved　　18 trunks
19 scratched　　20 obvious
21 lack　　22 abandon
23 prison　　24 Democracy
25 incident

Ⓓ 1 ⑤　　2 ①　　3 ③　　4 ④　　5 ②
6 ⑤　　7 ②　　8 ④　　9 ①　　10 ③

Lesson 11) Check Up ·············· pp.60~61

Ⓐ 1 전시하다, 전시품　　2 하다, 행동, 행위
3 작동시키다, 기능을 발휘하게 하다　　4 모습을 비추다, 반사하다
5 이익, 수익　　6 잠수함

7 위쪽의　　8 우선 사항

Ⓑ 1 ask for　　2 do　　3 turn down

Ⓒ 1 official　　2 burst
3 fountain　　4 decrease
5 admire　　6 Biology
7 Honor　　8 terrific
9 press　　10 feature

Ⓓ 1 If my dog refuses to eat, it means she is angry.
2 The woman burst into tears when she was fired.

Lesson 12) Check Up ·············· pp.64~65

Ⓐ 1 매우 뛰어난, 아주 밝은　　2 자원, 자산, 자료
3 특성, 속성, 재산, 소유물　　4 자금, 금융
5 증가시키다, 향상시키다　　6 우주 비행사
7 유명인, 연예인　　8 내부의

Ⓑ 1 carry　　2 quick　　3 cover

Ⓒ 1 pause　　2 transport
3 sigh　　4 admit
5 pride　　6 force
7 delicate　　8 fuel
9 anxiety　　10 valley

Ⓓ 1 Jin wrapped the gift for her dad in nice paper.
2 The bullies forced me to carry their school bags.

Lesson 13) Check Up ·············· pp.68~69

Ⓐ 1 비율, 속도, 요금　　2 오두막집, 객실
3 융통성 있는, 잘 구부러지는　　4 쏘다, 촬영하다
5 드러내다, 공개하다　　6 여과 장치, 필터, 걸러내다
7 임명하다, 정하다　　8 자라다, 성장하다, 발전해 나가다

Ⓑ 1 attraction　　2 amount　　3 satisfied

Ⓒ 1 quantity　　2 plain
3 signal　　4 consume
5 wire　　6 labor
7 charity　　8 fate
9 affect　　10 trial

Ⓓ 1 Mr. Smith has been appointed as the principal of my school.
2 Everyone was content with my suggestion.

Lesson 14 Check Up ·············· pp. 72~73

A
1 고대의, 옛날이 2 공화국
3 정부 4 용기를 북돋아 주다
5 교수 6 구역, 지역
7 현실을 직시하는, 현실성 있는, 실현 가능한
8 어려움에 부닥치다, 우연히 만나다

B 1 order 2 outside 3 feature

C
1 command 2 garage
3 lately 4 smooth
5 extend 6 rail
7 claim 8 cattle
9 rural 10 twist

D
1 The general commanded his soldiers to move forward.
2 Mr. Darcy encouraged his son to learn to swim.

Lesson 15 Check Up ·············· pp. 76~77

A
1 낟알, 알갱이, 입자 2 분석
3 문서, 서류 4 노동조합, 협회, 연합
5 시설 6 발음하다
7 해결하다, 정착하다 8 태양의, 태양열을 이용한

B
1 be worthy of 2 join together
3 found

C
1 frequent 2 ceiling
3 establish 4 annual
5 compete 6 hardly
7 react 8 Magnet
9 bump 10 receipt

D
1 Nelson Mandela deserved to win the Nobel Peace Prize.
2 A smartphone combines a phone with the Internet.

Review ·············· pp. 78~81

A
1 press 언론, 누르다
2 refuse 거절하다
3 profit 이익, 수익
4 request 요청, 요청하다
5 pride 자랑스러움, 자부심, 자존심
6 admit 인정하다, 입장을 허락하다
7 sigh 한숨을 쉬다, 한숨

8 rapid 매우 빠른, 신속한
9 boost 증가시키다, 향상시키다
10 affect 영향을 주다
11 signal 신호, 신호를 보내다
12 rate 비율, 속도, 요금
13 charity 자선, 자선 단체
14 garage 차고, 주차장
15 lately 최근에, 요즘
16 compete 경쟁하다

B
1 ○ 2 ○ 3 ○ 4 ✕ 5 ○
6 ○ 7 ✕ 8 ○ 9 ✕ 10 ✕

C
1 ③ 2 ② 3 ① 4 ② 5 ④
6 ③ 7 ⑤ 8 ① 9 ④ 10 ①
11 ⑤ 12 ② 13 ③ 14 ⑤ 15 ④

D
1 admire 2 exhibit
3 fuel 4 pause
5 affect 6 plain
7 ancient 8 professor
9 bump 10 combine

E
1 refused 2 pride
3 reflected 4 developed
5 extend 6 reacted
7 anxiety 8 magnet
9 charm 10 annual

F
1 recently 2 influenced
3 earnings 4 cover
5 destiny 6 satisfied
7 founded 8 bump into
9 carry 10 is worthy of

G
1 ○ 2 ○ 3 ○ 4 ○ 5 ○
6 ✕ 7 ○ 8 ✕ 9 ✕ 10 ✕

누적 테스트 300 ·············· pp. 82~85

A
1 인사하다, 절하다, 인사, 활   26 despair
2 꼬리표   27 despite
3 인구   28 lack
4 거리가 먼, 외딴, 원격 조작의   29 seal
5 연료, 에너지원   30 plenty
6 거친, 울퉁불퉁한, 힘든   31 official
7 철도, 난간, 가로로 긴 막대   32 fear
8 성별, 성   33 wrap
9 운명   34 remind
10 비명 지르다, 비명   35 cattle

11 참고하다, 언급하다	36 outgoing
12 명예, 존경, 공경, 수여하다	37 nephew
13 인정하다	38 fund
14 주먹	39 passenger
15 감소하다, 감소	40 ceiling
16 ~할 만하다, ~받을 가치가 있다	41 period
17 전진, 발전, 나아가다, 발전하다	42 rare
18 매력, 부적, 마음을 사로잡다	43 encounter
19 정치, 정계	44 planet
20 기분, 분위기	45 entire
21 보호하다, 유지하다, 보존하다	46 priority
22 반대하다, 못하게 하다	47 proper
23 자원, 자산, 자료	48 observe
24 경제	49 rapid
25 시골의, 교외의	50 system

B
1 ancient	2 current
3 sincere	4 graduate
5 extinct	6 refuse
7 female	8 supply
9 locate	10 weapon
11 scene	12 publish
13 damage	14 struggle
15 wound	16 transport
17 observe	18 prove
19 emergency	20 strict
21 orphan	22 Solar
23 medical	24 pleasant
25 quarter	

C
1 fountain	2 Moreover
3 military	4 awful
5 accomplish	6 units
7 operated	8 actual
9 annoyed	10 affect
11 glowed	12 assume
13 blinked	14 network
15 departure	16 pause
17 adapt	18 Nuts
19 scanned	20 brilliant
21 aboard	22 Consult
23 flexible	24 Nevertheless
25 labor	

D
1 ③   2 ①   3 ⑤   4 ③   5 ②
6 ②   7 ①   8 ④   9 ⑤   10 ④

Lesson 16 Check Up ·············· pp.88~89

A
1 의견, 언급, 의견을 말하다	2 식료품 및 잡화, 식료품 잡화점
3 토대, 기반, 설립	4 매우 심각한, 혹독한
5 전자의, 전자를 사용하는	6 힘을 합치다, 통합시키다
7 명확히 밝히다, 의미를 설명하다	8 상태, 주

B
1 need	2 benefit	3 complicated

C
1 frown	2 recent
3 cell	4 complex
5 relative	6 apart
7 disgust	8 crop
9 Identify	10 scold

D
1 You are required to pay the fine by tomorrow.
2 My mom always scolds me for making a mess.

Lesson 17 Check Up ·············· pp.92~93

A
1 효율적인, 유능한	2 항구
3 따라 하다, 흉내 내다	4 바느질하다, 꿰매다
5 당황스럽게 만들다	6 겉모습, 등장
7 개념, 생각	8 혁명, 혁신

B
1 get better	2 at once	3 amount

C
1 range	2 rent
3 regret	4 flavor
5 contain	6 factor
7 agency	8 version
9 cheat	10 recover

D
1 My grandma sewed buttons on my shirt by hand.
2 These computers range in price from $300 to $900.

Lesson 18 Check Up ·············· pp.96~97

A
1 폭력적인, 난폭한	2 적용하다, 지원하다, 신청하다
3 흡수하다, 열중하게 만들다	4 천재성, 천재
5 밑바탕, 원천, 출처	6 겁먹게 하다
7 종교	8 영향을 받지 않는, 면역성이 있는

B
1 save	2 envious	3 entertain

C
1 convenient	2 hire
3 victim	4 species
5 amuse	6 tap
7 eventually	8 chef
9 Fasten	10 root

D 1 I think Mason is jealous of our friendship.
2 I want to apply for the free learning program.

Lesson 19 Check Up ············· pp. 100~101

A 1 기진맥진한, 극도로 피곤한   2 어린 시절
3 정책, 방침   4 세게 쥐다, 꽉 쥐어 짜다
5 실험실, 실습실   6 호루라기, 휘파람, 휘파람을 불다
7 금이 가다, 갈라지다, 금, 틈   8 사람이 만들어 낸, 인공의

B 1 thankful   2 strange   3 tie

C 1 host   2 fancy
3 Graphic   4 tax
5 informal   6 employ
7 article   8 grateful
9 length   10 truth

D 1 To tell the truth, I hate it when you laugh at me.
2 I'm so grateful for the chance to work with you.

Lesson 20 Check Up ············· pp. 104~105

A 1 (일·책임 등을) 맡기다, 부여하다   2 드러내다, 노출시키다
3 수입, 수입하다   4 관객, 관중
5 비서, 장관   6 서서히, 차츰차츰
7 관련 지어 생각하다, 동료   8 위기, 고비

B 1 try   2 amazing   3 danger

C 1 incredible   2 chip
3 intend   4 ideal
5 wipe   6 rush
7 suspect   8 laundry
9 potential   10 lap

D 1 The man saw the train leaving and attempted to jump onto it.
2 The teacher assigned a different project to each student.

Review ················· pp. 106~109

A 1 comment 의견, 언급, 의견을 말하다
2 recent 최근의
3 cheat 남을 속이다, 부정행위를 하다
4 flavor 맛, 풍미
5 regret 후회하다, 안타깝게 생각하다, 후회, 유감
6 imitate 따라 하다, 흉내 내다

7 harbor 항구
8 concept 개념, 생각
9 hire 사람을 쓰다, 고용하다
10 chef 요리사
11 tap 톡톡 치다, 수도꼭지
12 length 길이
13 factor 원인, 요인
14 rush 급히 움직이다, 서두르다
15 wipe 닦아내다
16 squeeze 세게 쥐다, 꽉 쥐어 짜다

B 1 ×   2 ×   3 ○   4 ○   5 ○
6 ○   7 ○   8 ×   9 ×   10 ○

C 1 ②   2 ②   3 ④   4 ②   5 ⑤
6 ④   7 ③   8 ①   9 ⑤   10 ①
11 ⑤   12 ①   13 ③   14 ④   15 ③

D 1 rent   2 genius
3 regret   4 host
5 relative   6 rescue
7 ideal   8 unite
9 import   10 tax

E 1 advantages   2 efficient
3 recover   4 appearance
5 immediately   6 truth
7 recent   8 applied
9 exhausted   10 gradually

F 1 benefits   2 suck up
3 entertains   4 tie
5 amazing   6 deceived
7 thankful   8 saved
9 amount   10 envious

G 1 ×   2 ×   3 ×   4 ○   5 ○
6 ○   7 ×   8 ○   9 ×   10 ○

누적 테스트 400 ································ pp. 110~113

A 1 뿌리, 근본적인 원인   26 immediately
2 풍부한 양, 다량   27 cabin
3 잠수함   28 command
4 내부의   29 strict
5 실제의, 정확한   30 crack
6 소   31 appoint
7 개념, 생각   32 nevertheless
8 천장   33 react
9 부족, 종족   34 request

178

10 자금, 금융
11 종
12 대리점, 대행사
13 분수, 샘
14 작물, 수확량
15 고대의, 옛날의
16 고마워하는
17 짜증이 난
18 외부의
19 생물학
20 종교
21 피해자, 희생자
22 정부
23 애쓰다, 몸부림치다, 투쟁, 몸부림
24 노동, 노동력
25 우선 사항

35 filter
36 activate
37 consider
38 sigh
39 term
40 smooth
41 host
42 frequent
43 embarrass
44 pride
45 fuel
46 concentrate
47 bump
48 flexible
49 fasten
50 analysis

B 1 Press
3 destiny
5 system
7 doubt
9 tend
11 damage
13 convenient
15 detail
17 pursue
19 fear
21 advantage
23 pride
25 Lately

2 wrap
4 signal
6 rural
8 receipt
10 regret
12 income
14 resource
16 truth
18 suspect
20 claim
22 refuse
24 deserve

C 1 burst
3 feature
5 outgoing
7 delicate
9 trial
11 extend
13 cheating
15 hardly
17 upper
19 jealous
21 entire
23 imported
25 afford

2 groceries
4 garage
6 grain
8 length
10 positive
12 valley
14 wire
16 neglected
18 Republic
20 combine
22 quantity
24 celebrity

D 1 ② 2 ⑤ 3 ④ 4 ① 5 ③
6 ⑤ 7 ① 8 ④ 9 ③ 10 ②

Lesson 21 Check Up ·············· pp.116~117

A 1 잠시 동안의, 간결한
3 계획, 전략
5 우기다, 주장하다
7 구, 구절, 표현하다

2 풍습, 관습
4 이론
6 끊임없는, 지속적인
8 끼워 넣다, 삽입하다

B 1 get 2 order 3 fantastic

C 1 miner
3 roast
5 Clay
7 sail
9 senior

2 bar
4 attach
6 impress
8 obtain
10 layer

D 1 Mr. Darcy instructed his secretary to send the letter.
2 The scientists attached new arms to the robot.

Lesson 22 Check Up ·············· pp.120~121

A 1 땅, 영토, 영역
3 행동하다, 예의 바르게 행동하다
5 독성이 있는
7 지적인

2 태도, 자세
4 규모, 등급, 저울
6 강의, 강연
8 예산, 비용, 가격이 저렴한

B 1 build 2 example 3 strange

C 1 bunch
3 coal
5 series
7 debate
9 needle

2 iron
4 various
6 salary
8 indeed
10 odd

D 1 There has been a series of accidents at my school.
2 Colors affect our feelings. For instance, green makes us feel relaxed.

Lesson 23 Check Up ·············· pp.124~125

A 1 학자
3 번창하다, 잘 자라다
5 허가하다, 허가증, 면허
7 암

2 (동물의) 먹이, 사냥감
4 도움을 주다, 기여하다
6 벌거벗은, 헐벗은
8 절벽

B 1 chance 2 collect 3 change

C 1 delay
3 invest
5 assemble
7 jar
9 Corn

2 belong
4 capture
6 shell
8 shame
10 disturb

D 1 The designer transformed a sack into a stylish shirt.
2 Don't miss the opportunity to join the club for free.

Lesson 24 Check Up ·············· pp. 128~129

A 1 장례식　　　　　　2 빚, 부채
3 공정함, 정의, 사법　　4 문단, 단락
5 파묻다, 숨기다　　　6 도시의
7 침략하다, 침입하다　8 통로, 복도, 지문, 구절

B 1 move　　2 persuade　　3 natural

C 1 jaw　　　　　　2 career
3 approach　　　　4 Besides
5 transfer　　　　6 success
7 connect　　　　8 export
9 snap　　　　　10 drown

D 1 This bridge connects the island to the port.
2 The salesman convinced my mom to buy a useless item.

Lesson 25 Check Up ·············· pp. 132~133

A 1 물가　　　　　　　2 참가하다
3 기둥, 정기 기고란, 칼럼　4 문학
5 협력하다　　　　　6 건축가
7 비슷한 연령층, 세대　8 중점적인, 주요한, 초등의

B 1 kind　　2 differ　　3 main

C 1 involve　　　　2 suit
3 vary　　　　　4 urge
5 decade　　　　6 deal
7 kit　　　　　8 sort
9 due　　　　　10 practical

D 1 Ryu missed the game due to his knee injury.
2 Sam is in charge of looking after his baby sister after school.

Review ······················· pp. 134~137

A 1 clay 점토, 찰흙
2 odd 이상한, 희한한, 홀수의
3 insist 우기다, 주장하다
4 needle 바늘
5 lecture 강의, 강연
6 corn 옥수수

7 cliff 절벽
8 delay 미룸, 지연, 뒤로 미루다, 연기하다
9 invest 투자하다
10 connect 연결하다
11 iron 철, 다리미, 다리미질하다
12 transfer 옮기다, 이동하다
13 decade 십 년
14 sort 종류, 분류하다
15 charge 요금, 책임, 청구하다
16 senior 연장자의, 고위의, 마지막 학년의

B 1 ○　2 ×　3 ×　4 ○　5 ×
6 ○　7 ×　8 ○　9 ○　10 ×

C 1 ③　2 ⑤　3 ②　4 ⑤　5 ④
6 ④　7 ①　8 ③　9 ④　10 ②
11 ①　12 ③　13 ②　14 ①　15 ⑤

D 1 jar　　　　　2 salary
3 bare　　　　4 insert
5 scholar　　　6 architect
7 custom　　　8 funeral
9 roast　　　　10 drown

E 1 attached　　　2 shame
3 various　　　4 buried
5 brief　　　　6 success
7 convinced　　8 suits
9 cooperated　10 Behave

F 1 got　　　　　2 strange
3 put off　　　4 fantastic
5 take part in　6 chance
7 continuous　8 natural
9 pay　　　　10 poisonous

G 1 ○　2 ×　3 ○　4 ○　5 ×
6 ○　7 ×　8 ○　9 ×　10 ○

누적 테스트 500 ················· pp. 138~141

A 1 자석　　　　　26 export
2 원천, 밑바닥, 출처　27 frighten
3 옥수수　　　　28 document
4 최근의　　　　29 contain
5 학자　　　　　30 secretary
6 천재성, 천재　31 disturb
7 거절하다　　　32 gender
8 건축가　　　　33 pause
9 정책, 방침　　34 efficient

10 교수
11 세탁물, 세탁소
12 세포
13 광부
14 고용하다
15 힘, 강요하다
16 즉시
17 돈의 액수, 합계
18 강의, 강연
19 위기, 고비
20 십 년
21 운명
22 사람이 만들어 낸, 인공의
23 정말, 사실
24 적용하다, 지원하다, 신청하다
25 턱
35 brief
36 convince
37 disgust
38 extra
39 truth
40 iron
41 apart
42 rush
43 whistle
44 shoot
45 squeeze
46 honor
47 belong
48 ideal
49 passage
50 damage

B 1 escape
3 admit
5 grateful
7 rent
9 Apply
11 risk
13 childhood
15 violent
17 frown
19 sigh
21 bump
23 promote
25 rescue
2 relative
4 plain
6 emergency
8 smooth
10 distract
12 sigh
14 charity
16 Rub
18 custom
20 identify
22 expose
24 recover

C 1 column
3 scolds
5 complex
7 immune
9 sewed
11 series
13 react
15 state
17 associated
19 fancy
21 chef
23 imitate
25 cliff
2 twisting
4 laboratory
6 harbor
8 terrific
10 chips
12 eventually
14 tapped
16 property
18 Clay
20 debt
22 content
24 wiping

D 1 ③   2 ②   3 ①   4 ⑤   5 ⑤
6 ④   7 ①   8 ③   9 ④   10 ②

Lesson 26 Check Up .... pp. 144~145

A 1 승무원, 선원
3 대기, 분위기
5 땅을 일구다, 재배하다
7 직업
2 적절한, 적합한
4 방해하다, 끼어들다
6 시민, 주민
8 논리

B 1 check   2 maybe   3 close

C 1 surround
3 wealth
5 Lawyer
7 heal
9 effective
2 surgery
4 Perhaps
6 dynamic
8 Spin
10 maintain

D 1 The house on the hill is surrounded by trees.
2 A warm bath is effective in relieving stress.

Lesson 27 Check Up .... pp. 148~149

A 1 승인하다, 찬성하다
3 방어, 수비
5 담그다, 흠뻑 적시다
7 알아내다, 발견하다
2 인공위성, 위성
4 기원, 유래
6 밀물과 썰물, 조수
8 재료

B 1 value   2 appear   3 throw

C 1 clue
3 worth
5 measure
7 stare
9 raw
2 silk
4 lid
6 crime
8 function
10 misunderstand

D 1 It is rude to stare at someone who you meet for the first time.
2 The books that my teacher recommended are worth reading.

Lesson 28 Check Up .... pp. 152~153

A 1 물리학
3 건축, 건축 양식
5 전기를 이용하는, 전기의
7 닻, 앵커, 닻을 내리다, 정박하다
2 장치, 기구
4 풀어주다, 공개하다, 출시하다
6 연관되다, 관련시키다
8 부서, 과, 매장

B 1 thing   2 way   3 increase

C 1 predict
3 slave
5 link
2 fame
4 essential
6 liquid

7 method   8 site

9 solution   10 discover

D 1 Most human illness is related to stress.

2 Smartphones can be linked to a computer wirelessly.

Lesson 29   Check Up ·············· pp. 156~157

A 1 성실한, 부지런한   2 중독자, 중독되게 하다

3 움직임, 동작, 몸짓   4 나쁜, 부정적인

5 대가, 보상, 대가를 주다   6 무역상, 상인

7 때, 행사   8 산업, ~업

B 1 extra   2 particular   3 proof

C 1 duty   2 devote

3 load   4 represent

5 smoke   6 conflict

7 replace   8 soul

9 evidence   10 fearful

D 1 We decided to replace the gym with a swimming pool.

2 Sam was addicted to online gaming.

Lesson 30   Check Up ·············· pp. 160~161

A 1 훔치다   2 기준, 수준

3 너그러운, 후한, 배려심이 있는   4 입양하다, 받아들이다, 채택하다

5 결과   6 지위, 신분

7 불리한 점, 단점   8 원자력의, 핵의

B 1 test   2 job   3 space

C 1 appeal   2 display

3 passion   4 inspire

5 whisper   6 earn

7 resist   8 Male

9 routine   10 universe

D 1 All my trophies are on display in the living room.

2 The homeless man tried to steal bread from a kid.

Review ·············· pp. 162~165

A 1 lawyer 변호사

2 shut 닫다

3 citizen 시민, 주민

4 perhaps 아마도, 어쩌면

5 surround 둘러싸다

---

6 whisper 속삭이다, 소근거리다, 속삭임

7 crime 범죄

8 load 짐, 싣다

9 clue 단서, 실마리

10 origin 기원, 유래

11 discover 알아내다, 발견하다, 찾아내다

12 steal 훔치다

13 method 방법

14 soul 영혼, 마음

15 industry 산업, ~업

16 male 남자의, 수컷의, 남자, 수컷

B 1 O   2 ×   3 O   4 O   5 ×

6 O   7 O   8 ×   9 ×   10 O

C 1 ④   2 ②   3 ③   4 ⑤   5 ①

6 ①   7 ④   8 ⑤   9 ②   10 ③

11 ②   12 ⑤   13 ④   14 ③   15 ①

D 1 device   2 diligent

3 heal   4 earn

5 lid   6 fame

7 crew   8 universe

9 stare   10 fearful

E 1 defense   2 solutions

3 predict   4 earns

5 wealth   6 diligent

7 Electric   8 effective

9 passion   10 approved

F 1 found out   2 test

3 maybe   4 throw

5 take place of   6 came out

7 close   8 responsibilities

9 increasing   10 proof

G 1 ×   2 ×   3 O   4 O   5 ×

6 O   7 ×   8 ×   9 ×   10 O

누적 테스트 600 ·············· pp. 166~169

A 1 껍데기, 껍질   26 rural

2 거절하다   27 gradually

3 옮기다, 이동하다   28 invade

4 고용하다   29 attach

5 막, 층, 겹   30 approve

6 너그러운, 후한, 배려심이 있는   31 coal

7 성실한, 부지런한   32 recover

8 파묻다, 숨기다   33 custom

9 즉시	34 victim
10 투자하다	35 suit
11 아마도, 어쩌면	36 relate
12 종류, 분류하다	37 scale
13 관객, 관중	38 practical
14 바늘	39 relative
15 땅, 영토, 영역	40 success
16 힘을 합치다, 통합시키다	41 represent
17 토론, 토론하다	42 contribute
18 문학	43 article
19 방해하다, 끼어들다	44 theory
20 아주 멋진, 굉장한	45 predict
21 얻다	46 fountain
22 구조하다, 구출하다, 구조, 구출	47 informal
23 때, 행사	48 thrive
24 알아내다, 발견하다, 찾아내다	49 crime
25 비슷한 연령층, 세대	50 compete

B
1 surgery	2 behave
3 electronic	4 attempt
5 obtain	6 frighten
7 heal	8 decline
9 success	10 flavor
11 tax	12 participate
13 gradually	14 annual
15 due	16 delay
17 range	18 opportunity
19 worth	20 exhaust
21 clue	22 foundation
23 sail	24 decade
25 various	

C
1 budget	2 laps
3 funeral	4 evidence
5 assemble	6 advantages
7 shore	8 roasted
9 charge	10 bound
11 vary	12 jar
13 stare	14 bunch
15 bare	16 regret
17 drowned	18 impressed
19 organic	20 solution
21 instance	22 bar
23 generous	24 apply
25 effective	

D
1 ④   2 ②   3 ⑤   4 ④   5 ①
6 ③   7 ①   8 ③   9 ②   10 ⑤

INDEX

MEMO

중학 영단어 시리즈

VOCA 탄탄

3 기본

저자	어광수
초판 1쇄 인쇄	2017년 10월 1일
초판 3쇄 발행	2023년 3월 14일
편집장	조미자
책임편집	최수경·류은정·김미경·정진희·권민정
표지디자인	디자인 섬
디자인	디자인 섬·임미영
인쇄	삼화 인쇄
펴낸이	정규도
펴낸곳	Happy House

주소 경기도 파주시 문발로 211 다락원 빌딩
전화 02-736-2031 (내선 250)
팩스 02-732-2037

출판등록 1977년 9월 16일 제406-2008-000007호
Copyright ⓒ 2017 by Darakwon, Inc.

ISBN 978-89-6653-545-3 53740

값 11,000원

구성 본책+워크북
무료 다운로드 Answers, Daily Test, MP3 파일 ㅣ **www.ihappyhouse.co.kr**
문제출제 프로그램 voca.ihappyhouse.co.kr
*Happy House는 다락원의 임프린트입니다.